C000110446

Memorie Politiche Di Benevento: Dalla Rivoluzione Del 1799 Alla Rivoluzione Del 1860...

Salvatore Rampone

Nabu Public Domain Reprints:

You are holding a reproduction of an original work published before 1923 that is in the public domain in the United States of America, and possibly other countries. You may freely copy and distribute this work as no entity (individual or corporate) has a copyright on the body of the work. This book may contain prior copyright references, and library stamps (as most of these works were scanned from library copies). These have been scanned and retained as part of the historical artifact.

This book may have occasional imperfections such as missing or blurred pages, poor pictures, errant marks, etc. that were either part of the original artifact, or were introduced by the scanning process. We believe this work is culturally important, and despite the imperfections, have elected to bring it back into print as part of our continuing commitment to the preservation of printed works worldwide. We appreciate your understanding of the imperfections in the preservation process, and hope you enjoy this valuable book.

Cat. Napoli.

0

iniziat
grailo
...

SALVATORE RAMPONE

MEMORIE POLITICHE

DI

BENEVENTO

DALLA RIVOLUZIONE DEL 1799 ALLA RIVOLUZIONE DEL 1860.

BENEVENTO
Stabilimento Tipografico D'Alessandro
1899.

HARVARD COLLEGE LIBRARY
H. NELSON GAY
RISORGIMENTO COLLECTION
COOLIDGE FUND
1931

Era pur tempo che si fosse fatta la
luce su di alcuni avvenimenti, di maggiore importanza, di molti anni addie-
tro, posti quasi in obblìo, o travisati, e
scomposti, sia per spirito di parte, sia
perchè non si avevano i documenti irre-
fragabili, per portare sopra i medesimi
il giusto giudizio.

Era pur tempo che la pubblica opinione facesse una cerna dei biasimevoli
propositi, dei criminosi attentati, compiuti
in diversi tempi, contro la pubblica e pri-
vata libertà, contro il benessere civile e
morale di questo paese, come del pari
era sentito il bisogno di mettere in luce
i generosi conati, e le gesta gloriose,
compiute da questo popolo, a difesa delle

sue libertà civili e politiche, e quant'altro operò nel 1860 per la nazionale riscossa.

Ho fatto forza a me stesso nell'applicar l'animo a svolger fatti, che sollevano, di tratto in tratto, l'indignazione, e il dolore, e per. quanto ho potuto, ho cercato essere imparziale, onde solo la nuda esposizione dei fatti discovrisse il vero, e ricordasse ai posteri gli avvenimenti politici, verificatisi in questa storica città, e precisamente dal 1799 al 1860.

Prima di accingermi all'opera, tentennai a lungo; talchè aveva divisato licenziare alla stampa unicamente i documenti, e solo non ho mandato ad effetto questo proponimento, perchè non riuscissero oscuri a chi non conosce le passate vicende di questo popolo.

Con tale intendimento, e perché anche i buoni possano dire, magari per un pochino di orgoglio, **noi siamo Beneventani**, pubblico il presente lavoretto, nella speranza d'incontrare l'approvazione dei **conterranei**.

Benevento, settembre 1898.

SALVATORE RAMPONE.

Capitolo I.

La rivoluzione del 1799 — L'occupazione francese — Lo spoglio del Monte dei Pegni e dell'Arcivescovado — Sconfitta dei beneventani alle Campizze — Saccheggio di talune case in Benevento — L'albero della Libertà — Governo di Valiante e Pop — Occupazione di Ferdinando IV. — Condanna dei Giacobini.

Benevento, fin da quando venne infeudata al potere temporale dei Papi, da Arrigo III, era la vittima delle caste, dell'oppressione e del favoritismo.

La rivoluzione francese del 1799, che, col suo lavacro di sangue, era stata un'èra di rigenerazione per gli Stati di Europa, per Benevento fu un raggio di luce, che ben presto disparve; e mentre le costò gravi sacrificii, non le arrecò quei miglioramenti, che furono altrove goduti, mercè l'abolizione dei privilegi e della feudalità.

Il popolo di Benevento non aveva gridato, come il popolo di Parigi: « *Alla Bastiglia! alla Bastiglia!* » Ecco tutto!

Gli errori però della rivoluzione francese avendo toccato il loro limite estremo, costrinsero il governo di quella repubblica a battere la via delle conquiste.

Un'errore dopo l'altro!

La sua armata, che nel 1799 occupava tutti gli Stati della Chiesa, invase anche Benevento, ma prima che le truppe fossero quì giunte, il popolo, avido di libertà, nel gennaio del detto anno, allorquando il Governatore fuggì da Benevento alla notizia dei rovesci delle armi napoletane, si sollevò contro la dominazione pontificia, e ne abbattè gli stemmi. Aprì le porte delle carceri, e ne liberò i detenuti; e conseguentemente si ebbero a deplorare non lievi inconvenienti.

La parte ben pensante del paese cercò allora infrenarne le esorbitanze, e trovò modo di far proclamare a Governatore il Marchese Giuseppe Pacca, il quale si adoperò a stornare i mali, che temevansi, e tra i presi provvedimenti vi fu quello d'inviare una Deputazione di notabili cittadini al Generale Championnet, a Capua, il quale, sapevasi, avrebbe dovuto occupare Benevento.

In fatti nel giorno 19 detto mese, tremila francesi comandati dal Generale Brusier penetrarono in città, ma dopo pochi giorni, ed alla chetichella se ne allontanarono, lasciando un ben triste ricordo della loro visita; giacchè nella notte, che precedette la partenza, saccheggiarono, secondo usanza, il Monte dei Pegni e l'Arcivescovado.

Nel Monte dei Pegni presero ducati settemila in contanti, e tutti gli oggetti d'oro e d'argento, che si trovavano pegnorati, e nell'Arcivescovado spogliarono il tesoro, portando via quanto di più ricco e di più bello vi era di arredi sacri, dei quali alcuni di rara manifattura, e che formavano la meraviglia dei forestieri.

Cinque traini ne furono carichi, ed avviati verso Napoli, scortati dalla cavalleria.

Sparsasi però la voce del seguito spoglio, il popolo tutto incominciò a tumultuare, e più centinaia di cittadini, ai quali si unì anche qualche donna ardimentosa, inseguirono i saccheggiatori, e li raggiunsero alla contrada *Campizze* presso Montesarchio, ove vennero con essi a sanguinosa zuffa. Ma vuoi perchè non bene armati, e poco atti a tener fronte a truppe agguerrite, vuoi perchè senza capi, senza quella disciplina, ch'è necessaria in tali sbaragli, caricati dalla cavalleria, furono messi in rotta, e molti ne restarono trucidati. Anche i francesi ebbero a soffrire perdite non lievi, poichè fra i beneventani vi erano di quelli, che al coraggio accoppiavano la perizia nel tiro, e si difesero quindi valorosamente.

Dugento circa rimasero morti d'ambo le parti, e i cadaveri furono gittati in tre pozzi, ch'erano in quella contrada.

I più irruenti, poi, tra i beneventani scampati all'eccidio, aizzati da quelli del contado, ch'erano accorsi forse per far bottino, si diedero a sfogare la loro rabbia contro le case dei cittadini più agiati, che prima incontrarono, e le saccheggiarono. Questa sorte toccò ai signori Pellegrini, De Bellis, Compatangelo, Marchese Mosti, e Barone dell'Aquila, ed ai palazzi dei signori Mosti e dell'Aquila fu appiccato anche il fuoco, che li distrusse quasi interamente.

Altri eccessi si ebbero a deplorare, tra i quali l'uccisione del nominato Giovanni Lavinio, e il ferimento di altri probi cittadini, solo perchè tentarono di porvi argine; e a stento, dopo qualche giorno, la città riprese un'aspetto tranquillo ed il corso ordinario degli affari.

Intanto le truppe francesi non contente del primo spoglio, ne tentarono un secondo, appunto quando, sotto gli ordini del Generale Duèm, recandosi in Puglia, transitarono per Benevento. Però questa volta il danno fu minore, poichè si accontentarono di ducati quattromila in contanti, e gran quantità di vettovaglie.

Ritornate dalla Puglia, parte di esse restò a presidio di Benevento, e parte marciò alla volta di Napoli.

Nel giorno 13 febbraio, sotto l'usbergo della bandiera francese, fu qui solennemente innalzato l'*Albero della Libertà*, sul largo della *Piazza Orsini*, e precisamente dove sta ora un tronco in marmo, che sostiene una grossa croce di legno.

La popolazione per tale avvenimento si abbandonò al più vivo entusiasmo, e il nuovo ordine di cose fu grandemente festeggiato.

Il governo di Benevento e dei Comuni dipendenti, detti Comuni *appodiati*, fu affidato al signor Andrea Valiante col titolo di Commissario con alti poteri.

I primi atti del Commissario mirarono ad organizzare l'amministrazione comunale, secondo gli ordinamenti francesi. Gli Amministratori furono chiamati municipalisti, e ne fu fissato il numero a sedici, con a capo un Presidente.

Fu anche subito provveduto all'amministrazione della giustizia, e furono istituiti tre Tribunali. Il primo ebbe il titolo di *Tribunale di Pace*, il secondo di *Conciliazione*, il terzo di *Tribunale Superiore*.

Ai detti Tribunali furono destinati uomini integerrimi e per dottrina preclari, come Antonio Zoppoli, Tommaso Marano, Antonio Buonopane, Gaetano Battaglia, Giuseppe Marsullo, Nicola D'Aversa e Filippo Rossi.

Il *Tribunale di Conciliazione* decideva, sentite solamente le parti, senza procuratori ed avvocati.

Il *Tribunale Superiore* era inappellabile, e decideva anche le cause criminali.

Al Commissario politico Valiante successe poco dopo

l'altro Commissario Carlo Pop, che ne assunse i poteri nel giorno 7 Aprile dello stesso anno, con grande pompa, e con cerimonia civile e religiosa, assistendovi l'Arcivescovo Cardinale Spinucci, il quale cantò messa pontificale, e benedisse il nuovo rappresentante del Governo.

Pop, insediatosi nel palazzo della rocca, iniziò i suoi atti col far grazia della vita ai cittadini Gaetano Villanacci, a Pasquale Botticella, a Francesco e Bartolomeo Catauto, accusati di avere eccitato il popolo alla ribellione contro le truppe francesi.

La stessa buona ventura non toccò all'altro coinvolto nella stessa accusa, a nome Antonio Villanacci, ché lo avevano già spedito all'altro mondo, mercè polvere e piombo, fino dal 1° Aprile.

Con appositi decreti diede indi a Benevento nuovi ordinamenti, conformi a quelli vigenti in Francia, e pose ogni cura, perchè l'amministrazione pubblica avesse esattamente funzionato, secondo il bisogno dei tempi.

Abolì i titoli di nobiltà, ordinando che tutti, indistintamente si dicessero *cittadini*.

Dichiarò mutati i nomi dei giorni e dei mesi, ai quali ne sostituì altri, secondo le viste con cui si era modificato il calendario.

L'anno incominciava col 29 Settembre, e questo mese chiamavasi *Vendemmiale*. — Ottobre *Brumale*, — Novembre *Frimale* — Dicembre *Nevoso* — Gennaio *Piovoso* — Febbraio *Ventoso* — Marzo *Germile* — Aprile *Fiorile* — Maggio *Pratile* — Giugno *Mellifero* — Luglio *Termifero* — Agosto *Fruttifero*.

I giorni erano distinti coi numeri 1, 2, 3 fino a 10, ed il mese dividevasi in tre decadi, cioè 1.ᵃ 2.ᵃ e 3.ᵃ

Ordinò che gli atti pubblici e privati fossero intestati colle parole *Repubblica Francese*, e da un lato, a sinistra

Libertd, a destra *Eguaglianza*, restando chiusi con le altre *Salute e Fratellanza*.

Istituì la Guardia Civica di fanteria e cavalleria, comprendendovi anche gli ecclesiastici.

Riorganizzò l'amministrazione comunale, e ridusse il numero dei municipalisti da sedici a sette.

Con ordinanza del 19 Aprile sequestrò al Metropolitano Capitolo, alle Collegiate, ai Monasteri, alle Chiese ed alle Confraternite tutti gli argenti superflui, lasciando solo quelli reputati necessarî pel culto, e tali dichiarò essere i calici e le pissidi, in ragione di un calice per ogni altare, e di una pisside per ogni due.

Il Metropolitano Capitolo consegnò il resto degli oggetti preziosi scampati al primo spoglio, e le Chiese e i Monasteri consegnarono gli oggetti di loro rispettiva proprietà, colpiti dalla suddetta ordinanza; sicchè furono ritirati dal Commissario più centinaia di oggetti d'oro e di argento fra calici, pissidi, croci, ed altro, comprese tre statue interamente di argento, due appartenenti al Capitolo, ed una ai PP. Domenicani, come dettagliatamente ne riferisce l'Annecchini.

Con altra ordinanza emessa il 2 maggio soppresse diversi Enti Morali, cioè i Conventi dei Padri Domenicani, degli Agostiniani, dei Teresiani, dei Celestini, di S. Giovanni di Dio, nonchè le Canoniche dei Padri Lateranensi, quelle dei Crociferi, e del Santissimo Redentore, esistenti tanto in Benevento, quanto a S. Angelo a Cupolo.

In quello che le truppe francesi partivano da Benevento, in sullo scorcio di detto mese, vi giungeva una colonna di soldati della repubblica napoletana, cui però i beneventani chiusero le porte, impedendone l'ingresso, perchè impauriti dalle dicerie che l'avevano preceduta, secondo le quali la città sarebbe stata messa a sacco e a

fuoco; sicchè dovette accampare presso S. Maria degli An-
geli, indi piazzate le artiglierie sulla collina, che prospetta
la città, denominata *Cretaccio*, incominciò a bombardarla.

Una granata cadde sul tetto della Chiesa dell'Annunciata, e non esplose; ciò che fu dai devoti creduto un
miracolo, e la granata fu appesa alla parete sinistra del-
l'altare maggiore di detta Chiesa, ove trovasi tuttora.

All'uopo di sottrarre la città dal bombardamento, e
dall'eccidio furono subito aperte trattative di pace, le
quali riuscirono allo intento, e gli assedianti si allontanarono; mediante lo sborso di ducati cinquemila, e la
consegna in ostaggio dei signori Marchese Giuseppe Pacca,
e Sebastiano Schinosi, che poi furono rilasciati, dopo i
rovesci della repubblica.

A brevi giorni di distanza, cioè il 23 Giugno, il paese si trovò nuovamente esposto a difficili prove di sacrificii e di amarezze, causa l'invasione dei mercenarii soldati del re Ferdinando IV, ricondotto in Napoli dalla reazione, capitanata dal Cardinale Ruffo, il quale, com'è noto,
fu il più fiero tra i feroci persecutori dei liberali, gratificati del nome di *Giacobini*.

Benevento dovette far buon viso a cattiva ventura, sia
perchè stanca delle penose vicende, che l'avevano travagliata, sia perchè all'entusiasmo per la libertà era suben-
trato il terrore della restaurazione del governo assoluto,

La coccarda francese fu lacerata, la Municipalità fu
sciolta, e rimessi i Consoli. *L'albero della libertà* fu bru-
ciato sulla stessa piazza Orsini, ov'era stato innalzato, e
nello stesso posto fu piantata una grossa croce di legno,
sopra un blocco di marmo, tuttora esistente, innanzi alla
quale furono date alle fiamme tutte le carte, le stampe, e
i documenti appartenenti all'*esecrato* governo repubblicano.

Era il dispotismo, che, come al solito, tentava, sebbene inutilmente, ridurre al niente il progresso umano. Difatti nel 1860, nello stesso sito, il popolo plaudiva alla caduta del potere temporale dei Papi, come verrò narrando in appresso.

La reazione volle anche in Benevento le sue vittime, e conseguentemente furono iniziati i processi criminali, contro i così detti *Carbonari* o *Giacobini*, dal Visitatore Apostolico P. Ludovici dei Minori Osservanti, quì appositamente inviato dal Cardinal Ruffo.

Venti ne furono imprigionati, dei quali undici furono cacciati in esilio a Marsiglia : Andrea Valiante, Giuseppe e Nicola fratelli Buonanni, Francescantonio Clemente, Francesco Canonico Nuzzolo, ed altri, dei quali si è perduta la memoria.

Poco dopo gli altri arrestati furono liberati dal carcere, però furono sottoposti all'obbligo di restare *consegnati* in città, giusta i regolamenti di polizia, allora in vigore, vessazione non meno dura del carcere.

A coloro, finalmente, che furono ritenuti meno colpevoli, e soltanto cooperatori e complici fu accordata piena amnistia, coll'indulto pubblicato il 30 maggio, giorno onomastico di Ferdinando IV, e ch'era espresso nei seguenti termini :

« Siamo venuti ad accordare, come accordiamo un generale perdono a tutti coloro, i quali avessero commesso prima o dopo l'entrata delle truppe francesi nel nostro regno, il delitto di fellonia, od avessero delinquito, in materia di Stato, tanto come cooperatori principali che complici, o pigliando armi, o scrivendo, o parlando, od in ogni altro modo.

« Eccettuiamo da questo nostro indulto tutti coloro, i quali siano stati già giudicati, e condannati con sentenza. »

Il Governo di Benevento fu nuovamente affidato dal

Vicerè di Napoli al Governatore Giuseppe Pacca, per essersi meritato in tempi difficili la pubblica fiducia, e tale fu la fine di quell' epoca memoranda , che poteva essere ancora più disastrosa per questa città, se le fosse venuta meno quella virtù , e quell' accorgimento, che sempre la distinsero, fino dai tempi più remoti.

CAPITOLO II.

Restaurazione del Governo Pontificio in Benevento — Nomina dei Governatori — Il Principato di Talleyrand — Il Commissario Dufresne di Saint Leon — Il Governatore Beer, suo governo, nuove leggi ed istituzioni.

La politica giurisdizione sopra Benevento non tardò ad essere riacquistata dalla S. Sede, poichè dopo la morte di Pio VI, avvenuta a Valenza nel 1799, eletto Papa nell'anno successivo — 1800 — il Cardinale Gregorio Barnaba Chiaromonte (Pio VII), ne ottenne la retrocessione, che fu sanzionata con dispaccio del 4 settembre del detto anno, partecipato all'in allora Governatore interinale Marchese Giambattista Pedicini, in data del 10 detto mese.

Onde poi dare un definitivo assetto al governo d Benevento, fu dal Papa direttamente nominato Governatore il prelato Stefano Zampelli, il quale, nel dì 5 ottobre dello stesso anno, ne assunse le funzioni.

E qui cade opportuno ricordare che, nel tempo di

cùi è parola, il popolo di Benevento aveva il diritto di elezione del Governatore, diritto rispettato dalla S. Sede fino a quell'epoca, com' è comprovato dai diversi *Brevi*, l'ultimo dei quali fu emanato da Benedetto XIV., in data 4 settembre 1745. Il cennato privilegio andò quindi a cessare per la ragione dei tempi, e perchè sovente era pur causa di discordie cittadine, e di gravi scissure tra il ceto nobile e le altre classi della cittadinanza; giacchè i nobili pretendevano che l'elezione dovesse cadere sopra uno del loro ceto.

Però la restaurazione del dominio papale in Benevento, cui si è ora accennato, fu di breve durata, imperciocchè Napoleone, proclamato imperatore nel 1804, riprese le ostilità contro gli Austriaci, e dopo le splendide vittorie riportate nel 1806, a Marengo, a Montebello, e ad Austerlitz, s'impadronì nuovamente di quasi tutta l'Italia, e fu allora che formò di Benevento un Principato. facendone dono al suo valente ministro Carlo Maurizio Talleyrand, con diritto di successione agli eredi maschi.

Nel 5 Giugno 1806, dal palazzo di Saint Cloud a Parigi, ne emanò il decreto, la di cui copia autentica trovasi in questo archivio comunale, ed è del seguente tenore:

NAPOLÉON

par la grâce de Dieu, et les Constitutiones
Empereur des Français, et Roi d' Italie
A tous présents et a venir, salut.

Voulant donner a nôtre grand Chambellan et Ministre des Relations Exterieures, Talleyrand, un témoignage de nôtre bienveillance pour les services, que il à rendu a nôtre Couronne, nous avons résolu de lui transférer, comme en effet nous lui transférons, par les presents le Principautè de Bénévent, avec le titre de Prince et Duc de Bénévent, pour le posséder en toute proprieté et souvraineté , et comme fief immediate de nôtre *Couronne*.

Nous entendons qui il trasmetterà le dite Principauté a ses enfans masches légitimes et naturels, par ordre de primogéniture, nous reservant, si sa descendance masculine naturelle et legittime venuit a s'éteindre, ce que Dieu ne veuille, de transmettre le dite Principauté aux mêmes titres et charges, a nôtre choise, et ainsi que nous le croirons convenable, pour le bien de nos peuples et l'intérêt de nôtre *Couronne*.

. Nôtre Grand Chambellant et Ministre des Relations Exterieures, Talleyrand, prêterá en nos mains, et en sa dite qualité de Principe et Duc de Bénévent le serment de nous servir en bon et loyal sujet.

Le même serment serà prêté a chaque vacance par ses successeurs.

Donné a nôtre palais de Saint Cloud.

Le 5 Juin 1806.

Signé: NAPOLÉON.

NAPOLEONE
per grazia di Dio e le Costituzioni
Imperatore dei Francesi e Re d'Italia
A tutti i presenti e futuri, salute.

Volendo dare al nostro grande Ciambellano e Ministro delle Relazioni Estere , Talleyrand , una testimonianza delle nostra benevolenza, pei servizï, ch'egli ha resi alla nostra Corona, abbiamo risoluto di trasferirgli, come in effetti gli trasferiamo con le presenti, il Principato di Benevento, per possederlo in intiera proprietà e sovranità , come feudo immediato della nostra Corona.

Noi intendiamo ch' egli trasmetta il detto Principato ai suoi figli maschi legittimi e naturali, per ordine di primogenitura, riservandoci, se la sua discendenza mascolina legittima e naturale si estinguesse, il che Dio non voglia, di trasmettere il detto Principato, con gli stessi titoli e condizioni, a scelta nostra, a chi, e come lo crederemo convenevole pel bene dei nostri popoli, e per l'interesse della nostra Corona.

Il nostro grande Ciambellano e Ministro delle Relazioni Estere presterà nelle nostre mani, e nella qualità di Principe di Benevento, il giuramento di servitù, da buono e leale suddito.

Dato dal palazzo di Saint Cloud.

Li 5 giugno 1806.

Firmato: NAPOLEONE.

Contro quest'atto, il Papa, formalmente protestò, a mezzo del suo Segretario di Stato Calvagnier, ma di leggieri il lettore comprende, che la protesta a nulla valse, ed invece, dopo pochi altri giorni, Benevento fu militarmente occupata dal Generale di Brigata Sanchentin, il quale, nel mattino del giorno 16 detto mese, riunì nel palazzo di città la Rappresentanza Comunale, il Comandante la Guardia Civica, le altre Autorità, e solennemente dichiarò che il dominio di Benevento, d'allora in poi, doveva ritenersi appartenente a Sua Maestà l'Imperatore, e non più alla S. Sede.

Protestò, alla sua volta, il governatore Pontificio, ma non avendo forze per opporsi all'occupazione, si allontanò da Benevento, ed il governo restò, provvisoriamente, nelle mani di Sanchentin.

Questo provvisorio durò fino al 28 luglio dello stesso anno, quando appunto giunse in Benevento Dufresne de Saint Leon, nella qualità di procuratore del Principe Tal-

2

leyrand, e nel giorno dopo si recò nel palazzo Comunale, e prese possesso del Principato, con la lettura del surriportato decreto imperiale, e col dare il prescritto giuramento.

Alla cerimonia assistè il Sindaco, Diego Ricci, col Consiglio Comunale, i Comandanti la fanteria e la cavalleria provinciale—Marchese Giambattista Pedicini, e Giuseppe Pacca—, l'Arcivescovo Domenico Spinucci, i Priori dei Conventi, i Dignitarii del Clero, tutte le Autorità civili e militari, nonchè i Deputati della Nobiltà. Gli intervenuti prestarono anch'essi giuramento di fedeltà e di obbedienza al Principe Regnante, Carlo Maurizio Talleyrand-Perigord, e primo a darne l'esempio fu l'Arcivescovo Spinucci.

Non è qui fuor di proposito considerare come, una volta, i Ministri della Chiesa non erano tanto ostili ed avversi alle libere istituzioni, quanto lo sono oggi giorno; della qual cosa non è difficile trovar la ragione.

Presentemente la libertà, che si gode in Italia, non è efimera, ma positiva e reale, anche per essi, senza di che non potrebbero avversarla e combatterla, nella sicurezza di poterlo fare impunemente.

In allora il Pontefice fu chiuso in una *Certosa*, e morì da spodestato a Valenza, in esilio forzato, mentre oggi invece, dal Vaticano, il Papa impreca al risorgimento e alle libere istituzioni della Patria, sotto gli occhi del Capo dello Stato, ed è protetto dalla legge delle *guarentigie*.

É chiaro!

Giova però augurarsi che presto cessi lo stato anormale, in cui si trova l'Italia di fronte al Papato, che la Chiesa Romana, ristretta, per amore o per forza, nei limiti della sua istituzione, comprenda, una buona volta, che la libertà è un bene universale, che la Patria dev'essere amata e rispettata, e che dando di cozzo alle idee, e ai

fatti, che la modernità laica e civile impone alle viete é
rancide pastoie, in forza della naturale e progressiva evo-
luzione, corre rischio di perdere, oltre il temporale, qualche
altra cosa !

Il Rappresentante di Talleyrand, dopo la prestazione
del giuramento, lesse pure un'indirizzo, che il Principe
volgeva ai Beneventani, concepito nei seguenti termini:

Signori Consoli di Benevento,

Incaricato da Sua Maestà l'Imperatore dei re, d' invigilare
immediatamente al benessere di una parte interessante degli a-
bitanti d'Italia, mi reputo fortunato di annunziarvi che ha esso
degnato scegliermi, fra i suoi servitori, per governare, in qualità
di Principe e Duca ereditario, gli Stati di Benevento, divenuto,
per un'effetto della benevola sollecitudine per voi, uno dei primi
grandi feudi immediati del suo impero.

Durante dieci anni Sua Maestà ebbe sempre a cuore di rendere all'Italia il suo antico splendore.

Rimaneva però, per la potenza e sicurezza di questa bella
contrada, di far rivivere gli antichi rapporti, che ne riunirono,
altre volte, le diverse parti della Corona Imperiale di Francia.

Questi legami fortunati si ristabiliranno , ed io mi congra-
tulo meco stesso di essere nel numero dei Principi, che la Prov-
videnza destina a mantenere ed a rendere perpetui i beneficii
di questa memorabile restaurazione.

Signori Consoli,

Assicurate il popolo che il primo voto, che io ho fatto, è
stato quello di mantenerlo tranquillo e felice. Questo voto sarà
quello della mia vita intera, e considererò quale mia gloria il
suo adempimento.

Mi rincresce poi molto che altri doveri, col tenermi lontano
da voi, impediscano di venire io stesso a prender possesso del
mio stato di Benevento.

Io credo darvi una testimonianza speciale della mia fiducia, con incaricarvi particolarmente di assicurare i vostri concittadini della benevolenza verso di me, e principalmente in ricompensa della loro fedeltà, come pure della loro inalterabile gratitudine verso Sua Maestà l'Imperatore.

Parigi, 11 Giugno 1806.

Sottoscritto: TALLEYRAND.

Finita la cerimonia civile, Saint-Leon, accompagnato dall'Arcivescovo e dagli altri intervenuti, si recò al Duomo, ove seguì la funzione religiosa coll'inno ambrosiano e la sacra benedizione.

Il paese fu in festa per più giorni, con pubblici e privati trattenimenti.

A tutela della sicurezza pubblica tenne solo una compagnia di gendarmi: dodici birri con un capo, chiamato *Bargello*, e creò una compagnia di gentiluomini pel servizio di onore del Principe.

Con decreto del 21 Agosto soppresse i Monasteri e le Commende, esistenti nel Ducato, chiuse diverse Chiese, e ordinò ai religiosi di sgombrare dai cenobii, assegnando agli uomini la pensione di carlini trenta, e alle donne quella di carlini ventiquattro.

Abolì la riscossione dei dazii comunitativi, le enfiteusi della Camera Apostolica, e la giurisdizione civile della Curia Arcivescovile, con ogni altro privilegio, e tolse al Comune la podestà, che aveva, di giudicare.

Saint-Leon addimostrò fermezza ed autorità nel suo governo, e lo trasmise così, rispettato come ben voluto dalla popolazione, al governatore Luigi Beer, qui giunto nei primi di novembre dello stesso anno.

Per quanto ne riferirono i contemporanei, il Boer era dotato di ottimo cuore, e desiderava moltissimo il pubblico bene. Però pel suo carattere buono e leale fu avviluppato dagl'intriganti, e, involontariamente, creò la sua corte, i suoi favoriti, i tirannelli di Benevento.

Rivestito di ampii poteri, primamente intese ad abolire le leggi civili di quel tempo, sostituendovi il Codice Napoleone, indi emanò diversi decreti per la pubblica istruzione, e per l'azienda comunale.

In data 21 marzo 1807 promulgò alcune modifiche al suddetto codice, in considerazione delle speciali condizioni locali, e che qui appresso sono integralmente riportate, ritenendole di una qualche importanza, relativamente alle diverse fasi percorse dalla legislazione di questa storica città.

Eccone intanto il decreto:

CARLO MAURIZIO

Principe Regnante

Duca di Benevento ecc. ecc.

Per ordine di S. A. S.

Il codice Napoleone forma la teorica e la pratica legislazione dell'Impero Francese, e dei suoi grandi Feudi.

Il Principato di Benevento non deve riconoscere altra legge.

Il codice civile, e quello di procedura civile, a contare dal primo giorno di maggio sarà interamente posto in esecuzione, Abolito l'antico Statuto, le costumanze, le leggi, la pratica giudiziaria, e tutto ciò che non si contiene nel codice dell'Impero.

Ma siccome questo codice è stato formato espressamente per la Francia, così si è creduto farvi alcune modifiche per adattarlo al Principato, affinchè possa abbracciare, e risolvere tutte le difficoltà, che potrebbero incontrarsi, tanto a riguardo delle persone, che della proprietà.

In conseguenza i Tribunali, a norma del codice, regoleranno le loro future decisioni. L'ammettere una contraria interpetrazione per gli atti celebrati col dettame dell'antica abolita legge, sarebbe lo stesso che farla rivivere, e per molti anni far tacere la nuova.

Si riserva S. A. S. di cambiare e modificare altrimenti tutto ciò, che l'esperienza dimostrerà necessario.

———————

Le suddette modifiche furono contenute in quattro capitoli, e riguardavano il matrimonio, — il diritto delle femine alla successione dei comuni genitori, in concorrenza dei figli maschi, — l'enfiteusi beneventana, temporanea e perpetua, — e finalmente il codice di procedura civile. Sebbene le dette notizie escano dalla categoria politica, pure ne riportiamo le relative disposizioni, ritenendole di qualche importanza, come si è detto, per i concetti, cui s'ispirano, dal lato del dritto, tralasciando quelle, che riguardano la procedura civile, come meno importanti.

CAPITOLO I.

Del matrimonio.

Articolo unico. La disposizione del codice civile riguardante il matrimonio rimane nel suo intero vigore.

La garenzia di questo contratto, che la legge accorda ai due sposi, potendo essere lo stesso presso tutte le nazioni, e lo stabilimento della legge, non essendo coattivo, non forza alcuno contro i doveri, che la propria religione prescrive.

CAPITOLO II.

Del diritto delle femine alla successione intestata dei comuni genitori, in concorrenza dei figli maschi, e delle doti.

Articolo 1. Esistendo figli mascoli, le femine non hanno altro dritto alla successione intestata dei comuni genitori, se non di essere dotate di paraggio. Questo sarà a carico dei fratelli.

Articolo 2. Il paraggio nell'esistenza di quattro, o più figli nel tempo dell'apertura della successione intestata, sarà la quota eguale alla metà dell'eredità divisa fra tutti. Se i figli sono in numero di quattro il paraggio sarà la quota eguale alla terza parte ereditaria.

Articolo 3. Le femine, dotate in vita dai genitori, non potranno, sotto verun titolo, richiedere supplemento di paraggio, quando questo sia stato assegnato, in conformità della legge, ed in corrispettività della possidenza dei dotanti, dal tempo della dotazione.

Articolo 4. La legge le suppone dotate dei beni paterni e materni.

Articolo 5. Le donne maritate, che muoiono senza figli, potranno disporre, a loro talento, della metà della dote, e la rimanente metà ritornerà ai dotanti, o loro eredi. Se la dotazione fosse stata fatta da un' estraneo la reversione sarà nella totalità.

Articolo 6. Le donne, che muoiono con figli, non potranno disporre che della decima parte della dote, il rimanente andrà a beneficio di tutt'i figli, colla distinzione, indicata nell'articolo secondo.

Articolo 7. Il lucro dotale del conjuge superstite sarà relativo alla quarta parte della dote, in semplice usufrutto. La proprietà si apparterrà ai figli, se ve ne saranno, a norma dell'articolo secondo, ed ai rispettivi eredi.

Articolo 8. Quando le donne non saranno maritate, ed in età di anni quaranta, avranno dritto alla successione intestata dei genitori.

Articolo 9. Quando il marito sopravviva alla meglie, sempre le spese della di lei ultima malattia e dei funerali saranno a di lui carico. Quest'onore renduto alla memoria di una sposa è il primo dovere di colui, che l' ha perduta.

Articolo 10. La dote, per la sua conservazione e reversione anch' all'estraneo dotante, sarà sotto la legge del codice Napoleone, articoli 1250 e 1572.

Articolo 11. Le vedove non sono ammesse all' eredità intestata dei figli, eccetto per alimenti.

CAPITOLO III.

Dell'enfiteusi.

Articolo 1. L' enfiteusi è conservata. È temporanea e perpetua.

Articolo 2. La perpetua attribuisce al concessionario un titolo invariabile e di continua durata, senza che mai il canone possa alterarsi o diminuirsi.

Articolo 3. La temporanea, di uno o più ventinove anni, di una o più generazioni, accorda un titolo perpetuo, ma è variabile quanto all'accrescimento del canone, spirata la concessione.

Articolo 4. L'accrescimento si farà col sentimento di uno o tre periti. Questi valuteranno l'accrescimento soltanto sopra le migliorie del tempo. Le piantagioni, le fabbriche, e tutte le altre opere della mano ed industria dell'uomo non entreranno a calcolo.

Articolo 5. Non si potrà fare alienazione di quota dei beni concessi in enfiteusi, senza permesso del padrone diretto. Questi potrà essere preferito, pagando la vigesima parte, meno del prezzo stabilito.

Qualora non voglia la prelazione esigerà per l' assenso la vigesima dell'alienato.

Articolo 6. Se il padrone diretto non venga interpellato, sta due mesi dall'alienazione, si darà luogo alla devoluzione esecutivamente.

Articolo 7. La subastazione non esclude il pagamento della prelazione e della vigesima.

Articolo 8. Nei casi in cui la vigesima è dovuta si pagherà sempre al padrone diretto, ancorchè l'alienazione di qualunque specie proceda tra l'enfiteota, e il subenfiteota.

Articolo 9. Il canone non pagato, per due mesi dopo il maturo, darà luogo alla devoluzione.

Articolo 10. L'enfiteusi sia temporanea, che perpetua, sarà divisibile tra i discendenti dei concessionarii, restando però solidalmente obbligati verso il concedente.

Articolo 11. L'enfiteusi a determinate generazioni, restano assimilate all'enfiteusi temporanee, contandosi un solo ventinovennio per ciascuna generazione.

Articolo 12. Può passare agli estranei per qualunque alienazione, ed anche per successione. In quest'ultimo caso l'erede, il donatario, il legatario dovranno pagare la vigesima e stipulare istrumento di assenso col padrone diretto. La devoluzione sarà la pena dei trasgressori, passati due mesi.

Articolo 13. Quando l'enfiteusi sia devoluta, per canoni non pagati, o per altre ragioni che accordano questo diritto, ed il padrone diretto sia in possesso, ed abbia già consolidato legalmente il dominio utile col diretto, non vi sarà luogo alla purgazione della mora.

Con editto del 21 Febbraio 1808 istituì un ufficio per la registrazione dei matrimonii, nominando l'ufficiale addetto ai relativi atti, e con successivi decreti istituì l'ufficio della Conservazione delle Ipoteche, il Collegio e l'Archivio Notarile, e introdusse l'uso della carta bollata, del costo di grana due. Con questi ed altri introiti, che d'altronde non aggravavano la popolazione, migliorò l'erario del Principato.

Non impose balzelli, ma abolì gli esistenti, ad eccezione di due soli, per quanto tenui, altrettanto necessarii, imposti, esclusivamente, per far fronte alle spese occorrenti per la pubblica istruzione, e per la pubblica sicurezza.

Dalla vendita della carta bollata ritraevansi ducati dugento sessanta annui, ed il Beer li destinò per le paghe alle Guardie di polizia, ed ai Fucilieri, essendo in allora infestata la campagna da bande di briganti, e col ritratto del dazio sul vino—grana 35 per ogni soma—provvide alla spesa per la pubblica istruzione, ed allo impianto di un pubblico Liceo, che, di accordo col Consiglio Comunale, fu destinato nel soppresso collegio dei Gesuiti, come rilevasi dal seguente decreto.

CARLO MAURIZIO
Principe Regnante.

Vice Grande Elettore del Principato, e il Consiglio Comunale.

Considerando che la mancanza di scuole va ad immergere la popolazione del Principato in una profonda, generale e perniciosa ignoranza.

Considerando che, per conseguire l'intento di render colta. e istrutta la popolazione, è mestieri di avere ottimi maestri e lettori, invitandoli anche da luoghi lontani, poichè in tal guisa soltanto può sperarsi, che sorgano allievi tra i cittadini, che, col volger di tempo, diano onore alla patria, e siano capaci di occupare le cattedre, che rimangono vuote.

Considerando finalmente, che il pubblico erario non ha mezzi da sostenere una simile spesa, ha compreso la necessità di sopperirvi con una nuova imposizione; e siccome niun altra può essere più agevole, e meno gravosa, che la gabella sul consumo e vendita del vino, così vengo a stabilirla nel modo che segue:

Articolo 1. Si pagheranno grana 35 per ogni soma di vino, misura beneventana, che si vende e si consuma, sia prodotto del principato, sia dell'estero.

(si tralasciano gli altri articoli)

I lodevolissimi propositi del governatore Beer furono in effetti coronati da successo, poichè nel 27 Aprile del 1810, il Liceo fu solennemente inaugurato, e sulla porta d'ingresso fu collocata una lapide, con la seguente iscrizione:

LICEO DEL PRINCIPATO

DI BENEVENTO

1810

Questa lapide ora non più esiste, e trovasi sostituita all'altra, portante la iscrizione:

REGIO LICEO GIANNONE

1865

Illogica però è la sostituzione, poichè confonde l'origine del detto Liceo con la trasformazione, posteriormente avvenuta.

———

Le condizioni politiche del Principato non erano rassicuranti, e non potendo il Governatore fare assegnamento sull'aiuto delle truppe francesi, le quali erano altrove impegnate, creò una Guardia Cittadina, con organamento militare, affidandone il comando al signor Giovanni Tomaselli.

Diede infine nuovi ordinamenti all'amministrazione della giustizia, la quale, in verità, fu sempre segnalata come molto savia ed imparziale, ed in generale il governo di Beer, che durò dal 1806 al 1814, — sette anni e mesi sei —, fu sempre bene accetto, e ricordato col massimo favore.

Il Beer non rappresentava moralmente il suo Principe Talleyrand, il quale era tutt'altro che amante del bene pubblico, tutt'altro che leale; e la storia giustamente lo designò, come autore della caduta di Napoleone, e della restaurazione dei Borboni.

E qui cade opportuno riprodurre alcuni brani delle *Confessions du Diable*, pubblicate nel 1828 dal *Figaro*, giornale parigino, e tradotte alla lettera dal Giarelli, la qual cosa assicura che il manoscritto è opera autentica del celebre Ministro.

Il Talleyrand, come niuno ignora, rimase tristamente celebre pei suoi giuramenti, e pei suoi spergiuri.

Udite le sue strane teorie.

Il giuramento non impegna le convinzioni, ma gli atti. Esso è la contromarca, che si prende a teatro per entrarvi, ed uscirne a piacere. L'assurdo consiste nel non mutar mai. Rinnegare un'errore non è apostasia. La politica non è forse rappresentata dall'emblematico camaleonte? Non è la banderuola, che gira su se stessa? È il soffio del vento che fatalmente la fa mutare.

Mi accusano di aver servito governi opposti. Sciocchi!

Io ho servito la Francia, non gl'interessi dei Governi. D'altronde se i re cambiano di ministri, io ho avuto ben diritto di cambiare di re. E lasciate che la stampa urli.

Che cosa non ha mai detto di me? Di me e di Fouchè si stampò ch'eravamo il vizio a braccetto del delitto.

Ebbene tutto questo scivolò su me, come l'acqua sulle piume dell'anitra.

Per giustificare i mezzi, come, cioè, conquistò la ricchezza, ecco un altro brano delle mostruose confessioni.

La mia posizione era una miniera d'oro. Ma se faceva pagare i miei servigi a chi li chiedeva, io non vendeva per que-

sto il diritto. Mi diedero del concussionario, del brigante, del
simoniaco, del ladro, del traditore, del venale. Baje! ...
io aveva buon naso, — vede tutto, — e seppi comprare il 17
brumaio del consolidato 3 per cento, che vendetti al 19. Quarantotto ore bene impiegate, che fecero di me un milionario.

Dov' è il mio orribile delitto?

Una volta Napoleone si mostrò scandalizzato meco, perchè
dopo Austerlitz io aveva saputo arrotondire la mia posizione. Ma
io gli chiusi la bocca con due argomenti indistruttibili.

Prima di tutto gli osservai che il voler calcolare, precisamente, la fortuna di un ministro, egli è come giurare sugli anni
di una bella donna. In secondo luogo gli feci comprendere che
dal momento, in cui il padrone regalava a tutt'i suoi congiunti
altrettanti regni, non era poi un grande scandalo, che il suo
fedele servo si concedesse il lusso di qualche modesta rivendita
di privative !

E così le *Confessions du Diable* vanno oltre per capitoli e capitoli, ed io chiudo col seguente altro brano, con-
tenente la prova più saliente dell' immoralità del Talleyrand.

Nel 1814 c'erano due aspiranti al trono di Napoli, dopo Lipsia—re Ferdinando e re Gioacchino. Avvocato d' entrambi, al
Congresso di Parigi, aveva ricevuto da ciascuno dei due un mi-
lione e dugento cinquantamila franchi.

Non dissimulai agl'interessati, che la quistione era spinosis-
sima. Allora re Ferdinando di Borbone aggiunse al denaro una
nuova investitura del Principato di Benevento, già conferitami
da Napoleone, col soprappiù del Ducato di Dino. Naturalmente
la bilancia traboccò dalla sua parte. Del resto quell' accidente
di Gioacchino Murat era sempre stato un'inflessivo. Egli era la
negazione degli affari.

E ciò basta perchè Benevento possa, da questo schiz-
zo fotografico, giudicare quale fosca luce avvolge la
memoria dell'uomo *satanico*, che fu suo Principe Regnante.

Capitolo III.

Fine del Principato di Talleyrand — Governo di Murat — Gli Austriaci in Benevento— Nuova restaurazione del Governo Pontificio — Il suo stato politico — La Carboneria — La rivoluzione del 1820 — Governo Provvisorio — Arresto e condanna dei Carbonari — Definitiva restaurazione del dominio Papale.

Tramontata la stella del Bonaparte con la battaglia di Lipsia (18 ottobre 1813), in quella Parigi ch'era stata il focolare di tutt'i grandi principii di libertà e di progresso, istituivasi la così detta *Sant'Alleanza* dai Sovrani di Russia, Prussia ed Austria, cui aderivano, poi, gli altri Sovrani di Europa, col trattato di pace del 30 maggio 1814, che riuscì tanto funesto all'Europa.

Con la potenza del 1° Napoleone finì, conseguentemente, anche il Principato di Talleyrand; e quantunque il grande guerriero, uscendo dall'isola d'Elba, cui era stato prigione dieci mesi, avesse fatto nuovamente tremare gli *Alleati,* pure i suoi ardimenti non ebbero successo in Francia, e molto meno influirono a ristabilire il Principato di Benevento.

Murat, re di Napoli, volendo trarre profitto dai rovesci di Napoleone, mandò i suoi soldati sotto il comando del signor Catenacci ad occupare Benevento, e indi a poco inviò il Cavaliere De Tommasi, quale suo Commissario, a prenderne possesso; ciò che avvenne il 15 febbraio detto anno 1814.

Il governatore Beer, perchè fortemente affezionato al Principe, per quanto potè, si oppose all'usurpazione, ma i suoi sforzi a nulla valsero, e dovè lasciare Benevento.

Sotto il regime di Murat non si ebbero notevoli mutamenti, e l'amministrazione della giustizia e della cosa pubblica non fece di molto desiderare il governo di Beer.

Gl'impiegati civili e militari, nonchè i magistrati furono mantenuti nei loro posti.

Le buone istituzioni del principato furono conservate, e per dippiù i cittadini andarono esenti dalla coscrizione, e da ogni sorta di balzelli.

Ma anche il dominio di Murat cessò poco dopo, poichè costituitasi, definitivamente, la *Sant'Alleanza*—il 26 settembre 1815 —, la restaurazione dei Principi spodestati divenne completa.

In quel torno di tempo le armi austriache, occupando Napoli, occuparono anche Benevento nel dì 11 giugno, a mezzo del Barone di Laderer, nella qualità di Commissario con alti poteri. Indi fu destinato a governarla Carlo Ungaro duca di Monteiasi.

L'eccezionale governo austriaco fu anche di brevissima durata, cioè di due mesi — giugno e luglio —, nè dal lato politico fuvvi alcun che di notevole.

La S. Sede, per gli accordi presi nel Congresso di Vienna, fu interamente reintegrata nei perduti dominii, e non andò guari, che fu inviato a Benevento, quale suo rappresentante Monsignor Bottiglia, il quale ristabilì il governo pontificio con provvisorii ordinamenti, e, di poi nel luglio del 1816, mercè la promulgazione del *Motu Proprio* del Pontefice Pio VII, Benevento ebbe definitivo assetto.

L'Amministrazione Comunale fu composta da quarantotto Consiglieri e sei Anziani, ai quali era affidata l'esecuzione dei deliberati del Consiglio.

Fu istituita la Congregazione Governativa, la quale dava parere in tutti gli affari d'interesse pubblico.

Furono creati due Tribunali, di prima, e di seconda istanza, per le cause civili e correzionali, e furono promulgati i così detti *Bandi Generali*, che formavano il codice penale, nei quali, fortunatamente, fu abolita la pena della *tortura*, che usavasi per lo scoprimento dei reati, e dei colpevoli—barbara usanza—che, di sovente, proclamava reo l'innocente, quando appunto, in questi, mancava la forza di sopportarla.

I Pontefici, quindi, ritornavano a incombere sopra Benevento, che affidavano ai loro Proconsoli, in apparenza, ma in realtà ad un' eletta di persone, che più tenevano al Governo centrale, sia per devozione provata, negli ultimi avvenimenti, sia per vincoli di amicizia e di sangue coi Principi della Chiesa.

Questa fu sempre arte della Curia Romana, sospettosa e diffidente, collocare a fianco di Monsignor Delegato il Cardinale, e dietro al Cardinale e al Delegato un numero di affezionati, dei quali, alcuni si appagavano aver l'aria di primeggiare nel paese, altri volevano, invece, sfruttarlo senza parere, in tutto ciò che tornava loro utile e gradevole; sicchè questa povera città nostra fu divisa sempre in due classi, perfettamente distinte e designate.

3

L'una cortigiana, ricca, potente, felice. L'altra misera, abbietta, oppressa. Questa odiava la prima, da cui ripetea il suo malessere materiale e morale, e quella pagava di altrettanto odio l'altra, cui faceva colpa il querelarsi; e la considerava come una miniera, pronta sempre a *exploiter*.

Lo stato politico di Benevento, aggravato dalle tristi condizioni generali della Penisola, si rese intollerabile, e gli effetti della *Sant'Alleanza*, e della reazione non tardarono a mostrarsi nel lavorio delle sette e delle società segrete, tra le quali, come nelle provincie napoletane, anche in Benevento, ebbe vita e sviluppo la *Carboneria*.

Ecco un cenno dell'organamento di questa setta, che menò tanto rumore, e che, in verità, fece tremare i tiranni di Europa.

La *Carboneria* non ultima delle riforme della *Massoneria*, tendeva in Italia ad espellere l'Austria, e a proclamare un regno libero e indipendente.

Come Ente costituito chiamavasi *Repubblica*.

Aveva due soli gradi. Il Maestro e l'Allievo. Gli Affiliati chiamavansi *Fratelli*, gl'iniziati prendevano nome di *Cugini*.

Il recinto, dove ritiravansi, chiamavasi *Bosco*. Il centro, o tempio, *Vendita*.

Tutti prestavano giuramento, e si riconoscevano tra loro con la parola di *passo*, e con altri segni convenzionali.

In alcune città gli affiliati addestravansi alle armi, ed erano passati a rassegna in luoghi chiusi, e, da per ogni dove, i segreti lavori erano portati innanzi con ordine ed audacia meravigliosi.

Nel luglio del 1820, trovandosi Napoli in piena rivolta, anche i *Carbonari* di Benevento insorsero, onde rendere al paese le antiche libertà, e concorrere al movimento generale.

La polizia, informata dei loro progetti, tentò sventarli coll'arresto dei suoi capi, ma non vi riuscì.

Degna è di ricordo la resistenza, che oppose Francescantonio Clemente, nella notte, in cui doveva eseguirsi il di lui arresto. Egli per quanto liberale, altrettanto coraggioso, appena si avvide che la sua casa era stata circondata dalla pubblica forza, si diede a tirare schioppettate, ed avendo anche alcune bombe, le lanciò in istrada. Rimasti feriti alcuni soldati, e sbaragliandosi gli altri, egli riuscì a fuggire, e a mettersi in salvo, protetto dall'oscurità della notte.

Furono nel dì successivo eseguiti altri arresti; e quindi, esacerbati gli animi, la rivolta si rese necessaria, e fu decisa.

I *Carbonari* presero le armi, e vennero a conflitto coi Gendarmi, presso il Duomo, restandone uccisi due, ed altri feriti, d'ambo le parti.

La risolutezza e la compattezza del partito fece smettere alla pubblica forza ogni idea di ulteriore resistenza, e lo stesso Delegato Apostolico Monsignor Olivieri ordinò che fossero deposte le armi; sicchè nel mattino del 6 luglio fu proclamata la *Costituzione*.

Il governo venne affidato ad una Commissione di dieci cittadini, con a capo il signor Biagio Isernia. In quel mentre Monsignor Delegato ed i Gendarmi abbandonarono Benevento, recandosi a Roma.

Il Governo Provvisorio richiamò in vigore il codice Napoleone, ed altre leggi, promulgate nel decennio dell'occupazione francese.

Soppresse alcuni Luoghi Pii e Conventi, e provvide, in ogni miglior modo, al mantenimento dell'ordine pubblico, che, in vero, non fu turbato da alcun notevole incidente.

Intanto, stimando necessaria l'annessione di Benevento a Napoli, il provvisorio Governo ne iniziò, senza indugio, le occorrenti trattative, ed inviò una Deputazione al Parla-

mento Nazionale, ivi istituito. Mà il risultato fu infelice
e i patrioti di Benevento ebbero a provare un serio disinganno; perchè le proposte furono respinte, e non si ac-
cordò loro alcun ajuto, adducendo che non si volevano
fare insorgere maggiori complicazioni; sicchè questa città
restò abbandonata a sè stessa.

Eguale sorte toccò a Pontecorvo, altra città pontificia,
insorta sull'esempio di Benevento.

Ad onta però dei provvedimenti, certo poco patriotti-
ci, che il Parlamento Napoletano adottava per sostenersi,
pure non vi riuscì, giacchè nel 6 febbraio 1821, l'Austriaco generale Frimont, con forte esercito, passando il Pò,
sconfisse ad Androdoco i generali Pepe e Carrascosa, e
marciò sopra Napoli.

Fra i volontarii napoletani, che seguivano il generale
Pepe, vi erano tre concittadini, dei quali è dovere ricordare i nomi, cioè, Giuseppe Avvocato De Martini, col grado
di Tenente, Pietro Vitiello, e Gaetano Generazzi militi,
tutti ora estinti.

Conseguentemente anche Benevento fu soggetta all'occupazione austriaca, e nel 23 marzo del detto anno vi arrivarono due reggimenti, misti di Ungheresi e Croati.

Strappato il vessillo costituzionale, fu nuovamente innalzata la bandiera pontificia. I *Carbonari* furono imprigionati, e i loro Capi, condotti nelle carceri di Roma, furono, dopo qualche tempo, cacciati fuori d'Italia. Agli affiliati,
ritenuti meno colpevoli, venne accordata piena amnistia.

Il dotto Barbato Mutarelli, Francescantonio Clemente,
i fratelli Buonanni, ed altri furono cacciati in esilio a
Marsiglia, e, poco dopo, anche all'ex-colonnello Biagio I-
sernia, toccò la stessa sorte, che prima gli si era rispar-
miata per speciali considerazioni, massime per èssersi ad.
dimostrato amante della giustizia in momenti difficili. Quel

governo si pentiva d'essere stato generoso verso un rivoluzionario. Niente di più naturale!

Anche degna di ricordo è la risoluzione presa in quella dura circostanza, dal sacerdote Luigi Generazzi, il quale, conscio della pena, che lo attendeva, e non sapendo sopportare in pace il carcere, o l'esilio, volle morire da libero, e battè, per qualche tempo, la campagna, ove, in un conflitto con la pubblica forza, restò ucciso.

Fra le vessazioni e gli atti dispotici, perpetrati dal Governo restaurato della S. Sede vi fu anche la rifazione, dei danni, ed una Commissione liquidatrice fu creata con incarico di verificare quelli apportati dalla rivoluzione all'Erario dello Stato, ai Conventi, e ai Luoghi Pii, sicchè le famiglie dei Capi della *Carboneria* furono condannate al pagamento di non lievi somme.

La Commissione fu abbastanza severa, e giudicò con ingiusti e disparati criterii, e, tra l'altro, da taluni pretese che le somme, a pagarsi, dovessero essere in tante monete di argento, dette *colonnati*.

Erano finiti i giorni pericolosi pei papalini, ed essi rincuorati alzavano, qua e là, la testa per sguinzagliare i loro fulmini sul partito vinto.

I Religiosi espulsi ritornarono nei loro conventi.

I Padri Scolopii riaprirono le loro scuole.

I Padri Samaschi, istallati dall' Arcivescovo Spinucci nel Collegio dei Gesuiti, furono addetti alla pubblica istruzione, ma, non avendo fatta buona pruova, vennero, ben presto, sostituiti dai Gesuiti, i quali, com'era naturale, ripresero a spadroneggiare, e rafforzare il restaurato governo, giusta le superiori segrete istruzioni.

Il dispotismo trionfava: però in un disordine morale e politico, gettando così i germi della propria rovina.

Capitolo IV.

I Carbonari dopo il 1820 — Gennaro Lopez e i suoi amici —
Il 1831 — Disegni del re di Napoli per occupare Beneven-
to — Tendenze dei Beneventani — Il 1846 — Pio IX e lo
Statuto — Nuovo risveglio di libertà.

———

Repressi i moti rivoluzionarii del 1820, attutito ogni sentimento di libertà, e cessato l'entusiasmo, i governi dispotici della Penisola credettero avere, durevolmente, raccolto il frutto delle liberticide loro mene, ma s'ingannarono; giacchè i *Carbonari*, nuovamente, riorganizzarono le loro forze, s'intesero ed agirono.

Nel napoletano scoppiarono altri torbidi, e, non è a dire, se anche il partito in Benevento si agitasse, e prendesse segreti accordi, tenendosi anche in relazione col di fuori, per essere pronto a tentare una nuova sollevazione.

Però non fu propizia l'occasione, nè vennero fatti sforzi per averla tale, perchè era ancor vivo il ricordo del disinganno del 1820, allor quando fu da Napoli rifiutato a Benevento il chiesto appoggio.

Merita di esser ricordato il seguente fatto, che rivela la fermezza di carattere, la solidarietà, e l' organamento del partito dei *Carbonari*, nell'epoca discorsa.

Gennaro Lopez, fervido e distinto patriota languiva, da più tempo, nelle carceri di Napoli. Ciò rattristava i suoi amici e correligionarii, i quali decisero di liberarlo. Infatti, riuscito loro di falsificare un'ordine della polizia, tre del partito, con a capo l' estinto sacerdote Camillo Latino, del Comune di S. Nicola Manfredi (Benevento), travestiti da gendarmi, si presentarono al carcere, e si fecero consegnare il Lopez, che ligarono per bene, e maltrattarono pur anco, in presenza dei Guardiani, onde allontanare ogni sospetto, indi lo condussero seco, e via per Benevento.

Quivi il Lopez restò nascosto per più mesi, in casa dei parenti signori Isernia, ma il disgraziato, scoverto e denunziato, dovette allontanarsi, e cadde, nuovamente, nelle mani della polizia borbonica, la quale, per quanto se ne disse, lo fece, nel carcere, morire di veleno.

Fra i sacrificii, la cospirazione, le ansie e le speranze, il partito liberale di Benevento si tenne sempre raggranellato fino al 1831, epoca in cui, per la rivoluzione scoppiata in Francia, e pei moti insurrezionali delle Romagne, le alimentate speranze sembravano vicine a realizzarsi.

Non mancò qualche tentativo, ma non ebbe seguito, giacchè la polizia procedè ad alcuni arresti, e tutto finì sul nascere.

Dei giovani più ardimentosi, in quell'epoca, va ricordato Ottavio De Cillis, il quale mantenne sempre vivo nei compagni l' amore per la libertà e la speranza di vendicarla; per le quali cose, in quel torno di tempo, ebbe a patire le maggiori persecuzioni, da parte della polizia. La travagliata sua vita si spense , innanzi tempo, ed il partito liberale ne rimpianse la perdita.

Intanto il re Francesco , mal sopportando che, alle porte di Napoli, esistesse un centro di agitazione, vagheggiò l'idea di aggregarsi Benevento, e ne fece con la Corte di Roma le opportune pratiche, che a nulla approdarono, quantunque per la massima adottata nel Congresso di Vienna, che, cioè, ai grandi Stati dovessero essere aggregati i più piccoli , il rifiuto del Papa non avesse dovuto aver luogo.

D'altro canto, le aspirazioni dei beneventani erano appunto quelle di far parte del Reame di Napoli, giacchè non solo Benevento era priva dei vantaggi , che nelle province napoletane si godevano, ma benanco per la posizione topografica della città, lontana dalla capitale, non poteva dar sviluppo alle arti , alle industrie ed al commercio, cui, premeditamente , creavasi ostacolo d' ogni maniera.

Bisogna aggiungere che le mancavano leggi e regolamenti , che avessero eguagliate le sue condizioni a quelle degli altri paesi civili , e , principalmente, faceva difetto la pubblica istruzione ; mezzo efficace per veder migliorato, radicalmente, il presente, e preparare un degno avvenire alle nazioni.

Chiusa, dunque, fra ristretti confini , in uno Stato, col quale aveva di comune solamente la moneta, minacciata dalle prepotenze del re *Bomba*, condannata alla miseria, e ad una vita, affatto anormale, non poteva mostrarsi contenta e tenera del governo papale ; chè anzi, rimpiangendo il passato, massime il decennio del governo francese, anelava il momento opportuno per sottrarsene.

La elezione di Giovanni Maria Mastai, di Sinigaglia, Vescovo d' Imola , a Capo della Cattolicità — Pio IX —

avvenuta nel 16 giugno 1846, riaccese le speranze dei patrioti d' Italia, giacchè Egli era in predicato di liberale, e lo si diceva anche affiliato alla *Massoneria*; sicchè i beneventani, ragionevolmente, concepirono nuovi disegni per migliorare le proprie sorti.

E tali speranze erano, certamente, ben fondate, una volta che Pio IX iniziava il suo governo con una larga amnistia ai condannati politici, e con la concessione delle guarentigie costituzionali, a difesa delle quali poneva la Guardia Civica.

Come non credere ad un migliore avvenire, quando la stampa usciva dalle pastoie del dispotismo, e negli ufficii pubblici erano piazzati i liberali?

Lo statuto fu promulgato nel dì 14 marzo 1848, ed è un documento da esser riportato; giacchè racchiude la prova apodittica delle fallaci dottrine del Vaticano, pel famoso « *non possumus* » venuto dopo, contro le libere istituzioni della patria.

Eccolo:

STATUTO FONDAMENTALE

PEL GOVERNO TEMPORALE DEGLI STATI DI SANTA CHIESA

Disposizioni Generali

Art. I. Il S. Collegio dei Cardinali, elettori del Sommo Pontefice, è Senato inseparabile del medesimo.

II. Sono istituiti due Consigli deliberanti per la formazione delle Leggi, cioè, l'alto Consiglio, ed il Consiglio dei Deputati.

III. Sebbene ogni giustizia emani dal Sovrano, e sia in suo nome amministrata, l'ordine giudiziario è, nondimeno, indipendente nell'applicazione delle leggi ai casi speciali, salvo sempre

nello stesso Sovrano il diritto di far grazia. I Giudici dei Tribunali collegiali sono inamovibili, quando vi avranno esercitato
le loro funzioni per tre anni dalla promulgazione del presente
statuto. Possono però essere traslocati ad altro Tribunale eguale,
o superiore.

IV. Non saranno istituiti Tribunali, o Commissioni straordinarie. Ognuno in materia tanto civile, quanto criminale sarà
giudicato dal tribunale espressamente determinato dalla legge,
innanzi alla quale tutti sono eguali.

V. La Guardia Civica si ha come istituzione dello Stato: e
rimarrà costituita sulle basi della legge del 5 luglio 1847, e del
regolamento del 30 dello stesso mese.

VI. Niun impedimento alla libertà personale può essere posto, se non nei casi e nelle forme prescritte dalle leggi. E perciò niuno può essere arrestato, se non in forza d'un atto emanato dall'autorità competente. È eccettuato il caso di delitto
flagrante, o quasi flagrante, nel quale l'arrestato, dentro 24 ore,
è consegnato all'autorità competente.

Le misure di polizia e preventive sono pure regolate da una
legge.

VII. Il debito pubblico è garentito, come pure le altre ob-
bligazioni assunte dallo Stato.

VIII. Tutte le proprietà, sia dei privati, sia dei corpi morali, sia delle altre pie e pubbliche istituzioni, contribuiscono,
indistintamente ed egualmente, agli aggravi dello Stato, chiun-
que ne sia il possessore.

Quando il Sommo Pontefice dà la sanzione alle leggi sopra
i tributi, l'accompagna con una speciale Apostolica deroga alla
immunità ecclesiastica.

IX. Il diritto di proprietà, in egual modo, in tutti è invio-
labile. Sono eccettuate soltanto le espropriazioni per causa di
pubblica utilità riconosciuta, e previo l'equivalente compenso a
norma di legge.

X. La proprietà letteraria è riconosciuta.

XI. L'attuale preventiva censura governativa, o politica per la stampa è abolita, e saranno a questa sostituite misure repressive da determinarsi con apposita legge.

Nulla è innovato quanto alla censura ecclesiastica stabilita dalle canoniche disposizioni, fino a che il Sommo Pontefice nella sua Apostolica autorità non provvegga con altri regolamenti.

Il permesso della censura ecclesiastica, in niun caso, toglie o diminuisce la responsabilità politica e civile di coloro, i quali, a forma delle leggi, sono garanti delle pubblicazioni, per mezzo della stampa.

XII. I pubblici spettacoli sono regolati con misure preventive stabilite dalle leggi. Le composizioni teatrali prima di essere rappresentate sono perciò soggette alla censura.

XIII. L'amministrazione comunale e provinciale sarà presso dei rispettivi cittadini: con apposite leggi verrà regolata in modo da assicurare alle comuni e provincie le più convenienti libertà, compatibili con la conservazione dei loro patrimoni e coll'interesse dei contribuenti.

Dell'alto Consiglio e del Consiglio dei Deputati

XIV. Il Sommo Pontefice convoca, proroga, e chiude le sessioni d'ambedue i Consigli. Scioglie quello dei Deputati, convocandolo, nuovamente, nel termine di tre mesi, per mezzo di nuove elezioni. La durata ordinaria della sessione annuale non oltrepassa i tre mesi.

XV. Nessuno dei Consigli può adunarsi mentre l'altro è sciolto, o prorogato, fuori del caso preveduto all'art. XLVI.

XVI. I due Consigli, ogni anno, sono convocati e chiusi in pari tempo. L'atto dell'apertura è fatto da un Cardinale, specialmente delegato dal Pontefice, ed a quest'ultimo oggetto si riuniscono insieme ambedue i Consigli. Nel resto i Consigli si adunano sempre separatamente. Agiscono validamente quando sia presente la metà degl'individui, dei quali ciascheduno è composto. Le risoluzioni sono prese a maggiorità di suffragi.

XVII. Le sessioni dell'uno e dell'altro Consiglio sono pubbliche. Ciascun Consiglio però si forma in comitato segreto sulla domanda di dieci membri.

Gli atti dei due Consigli sonopubblicati a cura di essi.

XVIII. Ambedue i Consigli, quando saranno costituiti, redigeranno il rispettivo regolamento, sul modo da tenersi, nel trattare gli affari.

.   .   .   .

.   .   .   .

Del Sacro Concistoro

LII. Quando ambedue i Consigli hanno ammessa la proposta di legge, sarà questa presentata al Sommo Pontefice, e proposta nel Concistoro secreto.

Il Pontefice, udito il voto dei Cardinali, dà o niega la sanzione.

Dei Ministri

LIII. L'autorità governativa provvede con ordinanze e regolamenti alla esecuzione delle leggi.

LIV. Le leggi e tutti gli atti governativi, riguardanti gli oggetti, di cui all'art. 33, sono firmati dai rispettivi Ministri, che ne sono responsabili.

Una apposita legge determinerà i casi di tale responsabilità, e pene, le forme dell'accusa, e del giudizio.

LV. I Ministri hanno diritto d'intervenire ed essere uditi in ambedue i Consigli: vi hanno voto, se ne sono membri: possono essere invitati ad intervenirvi per dare gli schiarimenti opportuni.

Del tempo della sede vacante

LVI. Per la morte del Sommo Pontefice, immediatamente e di pieno diritto, restano sospese le sessioni d'ambedue i Consigli. Non potranno mai essi adunarsi durante la sede vacante, nè in quel tempo dovrà procedersi, o proseguirsi nella elezione dei deputati. Sono di diritto convocati ambedue i Consigli un mese dopo la elezione del Sommo Pontefice. Se però il Consiglio dei deputati fosse sciolto, e non fossero compiute le elezioni, sono di diritto convocati i collegi elettorali un mese dopo, come sopra. e, dopo un altro mese, sono convocati i Consigli.

LVII. I Consigli non potranno mai, anche prima di sospendere le sessioni, ricevere o dare petizioni, dirette al Sacro collegio, o riguardanti il tempo della Sede vacante.

LVIII. Il Sacro collegio, secondo le regole stabilite nelle costituzioni Apostoliche, conferma i Ministri, o ne sostituisce altri. Fino a che non abbia luogo tale atto, i Ministri proseguono nel loro uffizio. Il Ministero per altro degli affari esteri passa immediatamente al Segretario del Sacro collegio, salvo allo stesso Sacro collegio, il diritto di affidarlo ad altro soggetto.

LIX. Le spese del funere del Sommo Pontefice, quelle del Conclave, quelle per la creazione, coronazione e possesso del nuovo Pontefice sono a carico dello Stato. I Ministri, sotto la dipendenza del Cardinale Camerlengo, provvedono la somma occorrente, quantunque non contemplata nel preventivo di quell'anno, fermo l'obbligo di renderne conto, dimostrando d'averla impiegata per i titoli sopra enunciati.

LX. Se, allorchè muore il Pontefice, il bilancio preventivo dell'anno fosse ancora stato votato da ambedue i Consigli, i Ministri di pieno diritto sono autorizzati ad esigere i tributi e provvedere alle spese sulle basi dell'ultimo preventivo, votato dai Consigli e sanzionato dal Pontefice.

Se però il preventivo, allorchè muore il Pontefice, era già stato votato da ambedue i Consigli, in questo caso il Sacro collegio userà del diritto di dare, o negare la sanzione alla risoluzione dei Consigli.

LXI. I diritti di Sovranità temporale esercitati dal defunto Pontefice, durante la Sede vacante, risiedono nel Sacro collegio, il quale ne userà a forma delle costituzioni Apostoliche, e del presente statuto.

Del Consiglio di Stato

LXII. Vi sarà un Consiglio di stato, composto di dieci Consiglieri, e di un corpo di uditori, non eccedente il n.° di 24, tutti di nomina Sovrana.

LXIII. Il Consiglio di stato è incaricato, sotto la direzione del Governo, di redigere i progetti di legge, i regolamenti di amministrazione pubblica, e di dar parere sulle difficoltà in materia governativa. Con apposita legge può essere conferito al medesimo il contenzioso amministrativo.

Disposizioni transitorie

LXIV. Saranno quanto prima promulgate.

1° La legge elettorale, che farà parte integrante del presente statuto;

2° La legge repressiva della stampa, di cui nella prima parte dell'art. XI.

LXV. Sarà proposto alla prima deliberazione dei Consigli il preventivo del 1849.

Saranno pure proposte le seguenti leggi per averne ragione in questa o in altra prossima sessione—la legge sulle istituzioni municipali e provinciali, il codice di polizia, la riforma della legislazione civile, criminale e di procedura, la legge sulla responsabilità dei ministri, e sopra i pubblici funzionari.

LXVI. In quest'anno i Consigli si raduneranno al più tardi il 1° lunedì di giugno.

LXVII. L'attuale Consiglio di stato cesserà venti giorni innanzi che sieno aperti i Consigli.

Intanto esso proseguirà nell'esame del preventivo ed altre materie amministrative, che gli sono state, o le saranno rimesse.

LXVIII. Il presente statuto sarà messo in vigore all'apertura dei due Consigli.

Ma per quel che riguarda la elezione dei deputati avrà forza appena pubblicata la legge elettorale.

LXIX. Rimangono in vigore tutte le disposizioni legislative, che non sono contrarie al presente statuto.

È similmente vogliamo e decretiamo che nessuna legge o consuetudine preesistente, o diritto quesito, o diritto dei terzi, o vizio di orazione, o surrezione possa allegarsi contro le disposizioni del presente statuto, il quale intendiamo che debba essere, quanto prima, inserito in una Bolla Concistoriale, secondo l'antica forma, a perpetua memoria.

Datum Romae apud Sanctam Mariam Maiorem , die XIV Martii MDCCCXLVIII, Pontificatus Nostri Anno Secundo.

PIUS PAPA IX.

Nel 17 marzo, poi, un'ordinanza emanata dal Ministero dell' interno — N. 24221 — prescrisse che la bandiera Pontificia — bianco-gialla, fregiavasi della cravatta, coi colori italiani — verde, bianco, e rosso.

————————

Benevento, adunque, aveva ben donde a rallegrarsene, ed appena furono promulgate le dette sovrane concessioni, i cittadini, indistintamente, fregiaronsi della coccarda tricolore, e per diversi giorni , specialmente nelle ore della sera, si diedero a far festa, al suono di concerti musicali, ed al grido di *evviva a Pio IX*, inneggiavano alla *Costituzione.*

Un'altro grido, pure, si emetteva dai dimostranti, ed era quello di « *fuori i Gesuiti* » ed essi, che non potevano non comprendere l'indole dei tempi, chiusero le scuole, e lasciarono, in tutta fretta, Benevento, restandovi solo qualcuno, in abito da prete, per la custodia del collegio e della chiesa.

Le concessioni del Pontefice scossero ed animarono i patrioti d'Italia, e principalmente quelli delle province meridionali, sicchè, ben presto, si costituì in Napoli un centro di cospirazione, allo intento di costringere il Re a dare la costituzione del 1820. I liberali di Benevento pensarono trarne profitto, ed offrirono al Comitato napoletano un contingente delle loro forze, a condizione che fosse effettuata la desiderata annessione di Benevento al regno napoletano.

Le trattative furono fatte dal signor Salvatore dei baroni Saberiani coi fratelli Romèo, che, tra gli altri, componevano il Comitato, ed essendone state accettate le proposte, il Saberiani, tornato a Benevento, si diede, con tutta pòssa, ad incitare i suoi amici pel patriottico intento; e in breve, anche qui, fu costituito un forte partito rivoluzionario. Però la trama fu scoverta e disvelata, ed il Saberiani venne accusato di pravi disegni dagli ambiziosi della nota *Camarilla*, — ch'era istallata in casa del Marchese Giambattista Andreotti —; cosicchè ogni tentativo fu soffocato nel sangue, come narrerò nel seguente capitolo.

CAPITOLO V.

Il 15 aprile 1848 — L'incendio del palazzo Saberiani — L'arresto di Salvatore Saberiani e di altri compagni — Costituente Romana, tornata del 13 marzo 1849 — Escarcerazione di Saberiani e compagni — Nuovi arresti e condanna dei medesimi — Persecuzioni e sventure, patite dai liberali — Il Generale Zucchi e Pio IX a Benevento — Il ritorno dei Gesuiti.

Nei primi di Aprile 1848 saputosi dell'agitazione, che ferveva in Napoli, e ch'era stata diramata in questa città, per l'opera di Salvatore Saberiani, la *Camarilla* giurò la sua perdita.

La calunnia fu la prim'arma adoperata dai vili, con spargere le solite voci « *sono ladri — vogliono la rivoluzione per saccheggiare* ». Onde poi meglio riuscire nei loro progetti, dipinsero all'allora Delegato Apostolico Monsignor Gramiccia, imminente il saccheggio e l'eccidio; sicchè domandarono l'immediato arresto del Sabariani, e l'ottennero:

La notte, che precedette la Domenica delle Palme — 15 Aprile — Guardia Civica, Truppa di linea e Gendar-

4

meria investirono la casa Saberiani, ove incontrarono resistenza, trovandosi, in quell'ora, riuniti altri quattro del partito, e questi erano Andrea Zanchelli, Nicola De Blasio, Giuseppe Del Prete, e Francesco Gaeta.

Il Colonnello Comandante la Guardia Civica Marchese Giambattista Andreotti faceva battere i tamburi a raccolta, per ogni strada della città.

I silenzii della notte erano, pure, interrotti dai frequenti colpi di moschetteria, tirati contro le finestre della casa Saberiani, e dal funebre suono della campana della Parrocchia di S. Marco, che trovasi annessa alla detta casa, (ora proprietà del signor Michele Morante) e che, dai compagni del Saberiani, era suonata alla distesa, per essere soccorsi da quei del partito: però inutilmente, giacchè la pubblica forza non permetteva ad alcuno l'avvicinarsi, avendo occupato gli sbocchi delle strade adiacenti.

Intanto, anche da parte del Saberiani si cominciò a far fuoco contro gli aggressori, ed il conflitto divenne accanito. Un sergente di linea cadeva morto, due militi della Guardia Civica restavano feriti, ed allora il Colonnello signor Andreotti, ed i suoi Aiutanti Maggiori signori Vincenzo Iair e Luigi Tomaselli, unitamente agli Uffiziali Carlo Torre, e Giuseppe De Martini, i più ferventi, tra gli altri, ivi accorsi, decisero d'impossessarsi, ad ogni costo, del Saberiani, ed ordinarono ai loro dipendenti di appiccare il fuoco alle porte del palazzo; ciò che fu subito eseguito, dandone essi stessi l'esempio.

Poco dopo, una luce sinistra innalzavasi al cielo: era il palazzo Saberiani, che bruciava, ed egli e i suoi dovettero arrendersi, non potendo più opporre resistenza, perchè incalzati dalle fiamme da una stanza all'altra.

Caduti nelle mani degli aggressori furono percossi e feriti, in tutto il corpo,—più degli altri,—il Saberiani, che, dal capo scoverto, grondava sangue, e trascinati per la strada *magistrale* — ora *Corso Garibaldi* — furono rinchiusi nelle dure segrete del castello.

In quel giorno stesso, e nel successivo 16 Aprile, grosse pattuglie di Guardia Civica, comandate da Uffiziali percorsero le vie della città, come in uno stato di assedio, e trassero in arresto molti altri cittadini, ritenuti complici, o che si sapevano amici del Saberiani, i quali furono egualmente chiusi nelle prigioni del castello, non senza essere maltrattati e percossi, e, durante la detenzione, sottoposti ad un eccezionale rigore.

Potrei quì fare i nomi di tutti coloro, che si distinsero nella brutale persecuzione contro il Saberiani e i suoi partegiani, ma me ne astengo, perchè non è mio intendimento risuscitare odii di famiglie, e turbare la quiete dei loro sepolcri, essendo tutti ora estinti, e perchè pure, da questo lato, la storia non potrebbe trarne serio vantaggio.

Dopo pochi altri giorni, e precisamente nel 22 detto mese, il Saberiani ed altri ventiquattro degli arrestati, furono tradotti nelle carceri di Roma, con la nota, quanto infamante, altrettanto calunniosa di *pubblici ladroni*, e di *nemici di Pio IX;* e tali voci erano sparse ad arte dai Gendarmi di scorta, insinuati dalla *Camarilla*, e dalla Polizia; cosicchè i disgraziati, ovunque transitavano, erano fatti segno alle più atroci ingiurie.

A Velletri e a Frosinone, specialmente, una turba di fanatici papalini aggredì, a colpi di sassi, le carrozze, ov'erano rinchiusi, ed al grido di « *morte ai nemici di Pio IX* » tentò strapparli alla pubblica forza, per farne sommaria giustizia. La vita di quegl'infelici sarebbe stata, certamente, troncata dalla *sacra* mannaia, se gli avvenimenti di Roma, e la proclamazione della Repubblica non avessero tolto la preda al governo papale, ed ai suoi satelliti.

Il movimento preparato dal Saberiani, contrariamente alle calunniose asserzioni — è giustizia affermarlo — tendeva ad un nobile scopo, — a quello stesso, cui fu diretta la rivoluzione del 2 e 3 settembre 1860, — di cui discorrerò appresso, per quanto riguardava gl' interessi locali, cioè a dire, l'annessione di Benevento al Reame di Napoli. Però il Saberiani inesperto delle cose politiche, e senza l'attitudine e l'avvedutezza, che deve avere uu capo partito, fu abbindolato da taluni di malafede, e da altri malintenzionati, i quali, eccitando diffidenza e sospetti, diedero motivo alle accuse della *Camarilla;* e per tutto ciò l'infelice Saberiani restò vittima della prepotenza del Governo Delegatizio, e della ferocia dei suoi personali nemici.

La Costituente Romana, nella tornata del 13 marzo 1849, ebbe ad occuparsi di questo famoso processo, ed il Ministro di Grazia e Giustizia, nell'eloquente sua relazione stigmatizzò, con parole di fuoco, gli atti dispotici e crudeli, perpetrati dalla Polizia e dalla Guardia Civica, contro il Saberiani e compagni; cosicchè l'Assemblea, in quella stessa seduta, ne dispose l'immediata escarcerazione, tra gli applausi delle Tribune.

Eccone il testuale verbale.

COSTITUENTE ROMANA

Tornata del 13 Marzo 1849

Lazzarini (Min. di Gr. e Giust.) Poicchè in questa tornata si è letto il rapporto sull' esercizio di far grazia, io colgo una tale opportunità per venire a fare la relazione di un fatto, che parmi debba richiamare l'attenzione vostra.

Il dritto di grazia, secondo la relazione della Commissione delle Sezioni, può essere esercitato, allorchè si tratta di delitti, i quali abbiano dato luogo ad una sentenza di condanna.

Vi sono pure alcuni casi eccezionali, nei quali può essere opportuno e conveniente, il prendere qualche misura straordinaria, anche prima, che si procede alla definizione del reato.

Uno di questi è offerto precipuo della causa famosa beneventana, in cui è complicato il Barone Saberiani, e molti altri detenuti.

Se voi o cittadini vorrete avere la bontà di udire una brevissima relazione su questo fatto, che io credo degno della vostra umanità, spero che non vi spiacerà occuparvi, immediatamente, a provvedere a inconvenienti, derivati dalla processura relativa ad una tale causa, e forse potrebbe il Comitato esecutivo farne uso nel dubbio, per insufficienza di facoltà nell'esercizio di grazia, da noi delegato (*legge*).

La qualità del processo politico incominciato nell'aprile 1848 contro il cittadino Salvatore Saberiani, ed altri complici, è di tale natura d'attrarre lo sguardo della Repubblica in quell'estrema parte del suo territorio, che, circondato dal regno napoletano, sovente ha sofferto straordinarii mali, pei quali sono a provocarsi straordinarii rimedii.

Può dirsi, che la popolazione beneventana fosse divisa in due parti, l'una tendente a conservare la dominazione pontificia, desiderosa l'altra di provocare l'annessione a quel regno.

Il cittadino Salvatore Saberiani fu preso ad esser vittima di quell'atroce sospetto, che suole accompagnare gli atti dispotici della tirannide.

Gli sgherri della Polizia e la Guardia Civica meditarono un'improvvisa aggressione al suo palazzo, dove fra le tenebre non si permise agl'invasori l'accesso.

Però un incendio dai medesimi suscitato, divampò, e ne arse la parte migliore, e caddero gl'infelici nella provocata strage. Si posero anche in ceppi quanti si trovavano presenti, e ch'egli soccorreva di lavoro, o che gli erano affezionati.

Nella notte del 22 aprile una mano di quegli arrestati venne trasportata in Roma, ed il medesimo Saberiani ristretto nel Forte *S. Angelo.*

Ad ultimare il processo venne destinato un giudice commissario, il quale fu spedito a Benevento, per menare a termine gli atti iniziati fin dal 12 maggio 1848.

La prima difficoltà fu il sapere, se la causa dovesse discutersi in Roma, attesa la categoria politica, cui apparteneva. Ma nel 21 settembre era già comparsa la risoluzione del Consiglio dei Ministri, che rimetteva, *in statu et terminis,* tutte le cause, anche eccezionali, ai Tribunali ordinarii; e perciò la causa Saberiani si devolveva ai Tribunali di 1ª istanza di Benevento.

I giudici, il procuratore fiscale, e il difensore dei rei dichiararono tutti di astenersi dal prenderne cognizione, indicandone i motivi. Le complicazioni sopravvenute, e i successivi cangiamenti nel Ministero fecero sì che la causa giungesse fino ad oggi, mentre le molte istanze del Saberiani e dei condetenuti non avevano ottenuto quasi alcun risultato. Dopo ulteriori insistenze fu mestieri di prendere la risoluzione di richiamare il processo, e far cessare la commissione inquirente.

In questo stato di cose non vi sarà sfuggito, certamente, la tirannica esorbitanza e provocazione nel procedere ad incendiare gran parte di un privato palazzo, ed elevare una zuffa, che cagionò la morte e il ferimento di varii cittadini.

La prolungata prigionia, protratta quasi ad un anno, le quistioni subalterne, suscitate sulla processura, il rifiuto delle autorità giudiziarie di Benevento a prestarsi per la decisione; e sopratutto i gravissimi avvenimenti, e la proclamazione del governo della repubblica romana, nel di cui territorio Benevento è compresa, come pure i sentimenti, eminentemente liberali del Saberiani e compagni, mi sembrano motivi bastevoli a provocare l'abbandono del processo e la liberazione dei detenuti.

La pretesa illegalità dei loro atti non si potè attribuire che al precoce slancio di libertà, la quale bolliva nei loro petti, e nelle attuali circostanze non potrebbe quel moto formare obbjetto di condanna, ma piuttosto di lode. Quindi restituiti quei cittadini alle loro famiglie, alla società, ed alla patria; benedi ranno la vostra generosa sanzione, ed ecciteranno le moltitudini ad accendersi di nobile entusiasmo, di cui gusteranno gli effetti.

(Dopo la lettura riprende)

Siccome però non può, come avete udito, o cittadini, agitarsi questa causa in Benevento, sia pei motivi, che ho esposti, sia perchè, attualmente, non potrebbesi sperare, che ivi fosse esercitata quella giustizia, che deve attendersi dal Saberiani e compagni, e d'altronde non è nella nostra facoltà di rimettere la decisione della causa ad un altro Tribunale, in conseguenza io proporrei che fosse rimessa la relativa posizione alla Commissione tecnica di grazia e giustizia, perchè riferisse, e provocasse dall'Assemblea un provvedimento per quelli infelici, che gemono, da lungo tempo, nel carcere, pel solo amore per la libertà, e per esser martiri della causa italiana. Almeno.....

(interrotto da solenni e replicate grida di grazia)

(viva i martiri della libertà)

Presidente — Dopo queste acclamazioni, non vi può esser dubbio, l'Assemblea sovrana dichiara far grazia.

Cernuschi — Non è grazia, è giustizia *(applausi)*.

Presidente — Consulterò l'Assemblea se intende far grazia o giustizia. *(voci grazia)*.

Cernuschi — Io dico così, perchè sono contrario al diritto di grazia in una repubblica, dove si deve agire per giustizia. Sono i re, che fanno grazia.

Presidente — Anche i popoli la fanno e grande. Si potrà fare su di ciò una regolare discussione.

Ministro di Gr. e Giust. — I sentimenti repubblicani, che hanno sempre distinto Salvatore Saberiani e molti dei suoi compagni non possono sicuramente esser messi in dubbio, dappoicchè nella posizione, ch'esiste nel mio ministero, e che |io mi sono fatto ad esaminare, parmi che vi siano delle prove luminosissime; e quindi io propongo l'abbandono del processo, e la liberazione immediata di quei, che languono per la libertà nel carcere. (*subito, subito*)

(*Ogni volto rivela l'animo commosso*)
(*L'Assemblea vota favorevolmente e le Tribune applaudono*)

Presidente — È bene inteso che affidare al Ministro Lazzarini una tal' esecuzione, è liberare, istantaneamente, dal carcere questi nostri fratelli. (*si rinnovano vivi applausi*)

———————

In effetti nello stesso giorno il Saberiani, ed altri ventiquattro concittadini furono levati di carcere, e nel dì seguente il Governo della Repubblica diede loro dei sussidii, perchè privi affatto di ogni mezzo di sussistenza, e dispose, inoltre, che fossero piazzati in diversi Conventi di Roma, ove avrebbero ricevuto vitto ed alloggio. Però di leggieri comprendesi, che il soccorso era abbastanza limitato, e quindi i più bisognosi dovettero addirsi a materiali lavori, e parecchi di essi, come Gasparre, Zanchelli, D'Alessandro ed altri lavorarono alle barricate, che, in allora, si costruivano per la difesa di Roma.

Ecco i nomi dei 24 scarcerati, tutti ora estinti, meno uno solo, il signor Francesco Babuscio, delegato di P. Sicurezza a riposo, e dimorante a Potenza.

1. Salvatore dei Baroni Saberiani
2. D'Aquino Pasquale
3. Babuscio Francesco
4. Bergantino Pasquale
5. Cangiano Domenico
6. Celeste Emanuele
7. D'Alessandro Angelo Maria

8. De Blasio Nicola
9. Del Prete Camillo
10. Del Prete Giuseppe
11. Gaeta Matteo
12. Gasparre Vincenzo
13. Generazzi Pasquale
14. Inglese Salvatore
15. Musco Bernardo
16. Palatella Francesco-Paolo
17. Paragone Francesco-Saverio
18. Pastore Luigi
19. Ricci Filippo
20. Russo Nicola
21. Russo Francesco
22. Zanchelli Andrea
23. Zanchelli Giambattista
24. Vitiello Pietro

Assassinata, poi, la Repubblica Romana dal cannone francese, e ripristinato il governo papale, il Saberiani e compagni, lusingati dalle promesse di Monsignor Pellei, che per esser stato in Benevento diversi anni, quale segretario del Cardinale Bussi, loro ispirava alquanta fiducia, non pensarono a mettersi in salvo, che anzi alcuni di essi, spensieratamente, ritornarono a Benevento, anelanti di abbracciare i loro cari, e provvedere ai loro affari, abbastanza dissestati; ma qui giunti, furono nuovamente imprigionati; così egualmente capitò al Saberiani, ed egli altri rimasti a Roma.

Salvatore Saberiani, Andrea Zanchelli, Giuseppe Del Prete, e Francesco Gaeta furono giudicati dal Tribunale di Roma; e perchè, principalmente, compromessi pei fatti del 15 Aprile, furono condannati alla pena di morte, che venne loro, per grazia, commutata nella galera a vita, gli altri soffrirono il carcere per più tempo.

Il Saberiani, accasciato dalle sofferenze fisiche e morali, essendoglisi persino, crudelmente, negato ogni soccorso dal fratello Barone Giacomo, morì dopo pochi anni, sulla paglia, nel Forte di Paliano, — Gaeta finì, altrettanto miseramente, nel Forte di Ancona, — De Blasio spirò, tra le braccia della madre, nelle carceri di Frosinone, dove era accorsa alla notizia della malattia del figlio.

Infelice madre, che non sapendo resistere all'avversità del destino, e sopravvivere al dolore per tanta perdita, lasciò anch'esso, tristemente, la vita nella stessa Frosinone.

Quanta sventura! Quante nequizie rimaste impunite e invendicate, e, per colmo, anche premiate!!

Andrea Zanchelli e Giuseppe Del Prete, che trovavansi rinchiusi nel Forte di Ancona, furono liberati dal Generale Cialdini, allorchè questi, fugando le truppe mercenarie del Papa, comandate dal Lamoriciere, s'impadronì delle Marche.

Lungo e doloroso riuscirebbe il narrare tutti gli atti barbari e dispotici, perpetrati, in quell'epoca, contro pacifici ed onesti cittadini, i quali non avevano altra colpa, se non d'essere amici del Saberiani, e punto ligi alla *Camarilla*.

Chi scrive ne fu anche vittima.

Preso in sospetto di aver strappato dalle mura della città un manifesto infamante il Saberiani, in piena notte, molti Gendarmi e Guardie Civiche circondarono la di lui casa, e col pretesto che incontravano resistenza, perchè non era stato subito aperto loro il portone, lo tolsero dai cardini, e penetrarono nel giardino, che precede le stanze, col tristo proposito di appiccarvi fuoco, e rinnovare le ge-

sta della notte del 15 Aprile; ciò che, fortunatamente, fu
evitato, dischiudendosi subito le porte agli aggressori, i
quali procedettero al di lui arresto, ed a rigorosa perqui-
sizione della casa, senza risparmiare maltrattamenti alla
famiglia; tanto che un fratellino, ch'era rimasto a letto,
fu da quei sgherri preso violentemente, e gittato in mezzo
la stanza, onde, fortemente impaurito, fu colto da fiera
malattia, che lo ridusse in fine di vita, e ne fu salvo, forse perchè il destino lo serbava a morte più gloriosa, che
appunto incontrò nel 1860, per la causa della libertà ed
unità della patria, sulle terre di Pettorano (Isernia), come
narrerò appresso.

La Costituente Romana nell'occuparsi del famoso processo Saberiani diede, giustamente, titoli vergognosi ai
protagonisti dei brutali fatti, ma essi meritavano anche
quello di novelli Caini!

Intanto il Papa, che aveva suscitata contro la Repubblica Romana la guerra coalizzata di Francia, Austria,
Spagna, e del Regno delle due Sicilie, reintegrato nel suo
dominio, uscì di Gaeta, ove erasi rifugiato, e prima di ritornare all'insanguinata Roma, visitò alcune città vicine
a Napoli, e, tra queste, anche Benevento, tanto più in
quanto che gli apparteneva.

La visita fu preceduta dall'arrivo del Generale Zucchi, il famoso liberale-apostata, che tanto fece parlare di
sè, e che aspirava somigliare al Sovrano, che serviva. Lo
scopo, naturalmente, era quello di preparare un ricevimen-
to, possibilmente, solenne e festoso.

Il Generale Zucchi trovò ancora in piedi la Guardia Civica, e ne ricevè, conseguentemente, una cattiva impressione,
giacchè si affrettò scioglierla. Infatti recatosi al Corpo di
Guardia mandò a casa i militi di servizio, ed ordinò la
chiusura del locale; e siccome l'Uffiziale, che li comandava,

—Il signor Nicola Vessichelli,—indignato pel modo sconveniente, col quale veniva disciolta la Guardia cittadina, credè fare qualche osservazione, fu dal Generale Zucchi dichiarato in arresto, e condotto nelle carceri del castello, da cui fu liberato, nella sera dello stesso giorno, mercè la intercessione d'influenti persone.

Pio IX giunse in Benevento il 12 ottobre 1849, e, com' era naturale, fu ricevuto dal popolo cogli onori sovrani, — banda musicale, solenni dimostrazioni, luminarie, sfarzosi pranzi,—e prese alloggio nel palazzo Arcivescovile.

Il Pontefice, da parte sua, fu largo di benedizioni a tutti, ed alla Rappresentanza della città, che gliene presentò le chiavi, disse di tener conto, della condotta serbata dalla cittadinanza negli avvenimenti, che si erano succeduti.

Le *benedizioni* del S. Padre caddero, principalmente, sul capo di coloro, che avevano soffocato nel sangue ogni moto liberale, e niuno dei liberali, certamente, ebbe invidia della felicità toccata ai nostri tirannelli, in *sessantaquattresimo*.

Tre giorni restò fra noi, senza lasciare, nel dipartirsi, alcun ricordo della sua visita, e della sua sovrana beneficenza.

Rientrato in Roma ci regalò, nuovamente, i Gesuiti, i quali ridivennero padroni della situazione; e diedero opera a riacquistare la perduta fiducia, e a vendicare, secondo essi dicevano, gli oltraggi recati dalla rivoluzione alla S. Sede.

Riebbero il monopolio della pubblica istruzione, e dell'educazione della gioventù, e, con più lena, ripresero la loro missione, che sebbene avversata dal privato insegnamento, e dai ben pensanti cittadini, pure si fece strada, perchè il Collegio dei Gesuiti, oltre al tenere stretta rela-

sioni coi potenti patrizii beneventani, procurava anche a
parecchi non lievi vantaggi, specialmente a coloro, che
sapevano sfruttarlo, col dimostrarsi ligii ed attaccati alla
Compagnia.

La missione dei Gesuiti fu, a ragione, avversata e
condannata, non solo da Benevento, ma dal mondo civile,
e si desiderò vederla annientata, come appunto avvenne
nel 1860.

E qui credo opportuno fare una riflessione, che, cioè,
dopo oltre sette lustri di vita libera, il pubblico insegnamento, affidato, com' è, in parte a professori atei e me-
stieranti, senza coscienza dell'altissima missione, senza sentimento di carità, senza fede nell'avvenire della Patria,
non ha saputo interamente sostituirsi al vecchio insegnamento, che pure aveva un sistema: non ha saputo far dimenticare la serietà, il disinteresse, il sentimento del dovere, che pure ispirava la scuola, sotto il governo dei preti.

Con ciò non è che io desideri il ritorno del pubblico
insegnamento nelle mani dei gesuiti e dei preti, ma ciò
dico solo perchè, in queste memorie, stimo doveroso far
cenno del buono e del cattivo della vecchia e della nuova
scuola, essendo il pubblico insegnamento la vera sorgente
della prosperità di un popolo.

CAPITOLO VI.

Il 1855 — Opere pubbliche — Sommossa popolare — Arresti e provvedimenti del Governo di Roma — Commissione Municipale amministrativa — Commissione Governativa d'inchiesta — Relazione della Commissione d' inchiesta — Proponimenti del partito liberale.

Un'altra epoca nefasta spuntava per questo disgraziato paese col 1855, e la sua vita si rese ancora più dura, massime perchè al dispotico indirizzo governativo si unì il cattivo andare della comunale amministrazione.

La Rappresentanza municipale anzichè soddisfare i pubblici interessi, mirava a soddisfare l' ingordigia e la libidine di potere dei suoi favoriti ed adepti, ciò che produceva, in quell'epoca, un serio malcontento, che si accentuò ancora dippiù, quando il Consiglio Comunale deliberò la costruzione del nuovo teatro , del basolamento delle due strade interne, denominate strada *Magistrale e Rufina*, ed altre opere.

Il perturbamento, poi, crebbe a dismisura, oltre pel

fatto, che i balzelli imposti erano abbastanza gravosi, anche per le voci corse, che alcuni Consiglieri fossero cointeressati nella impresa delle dette opere.

Riuscendo, intanto, le spese a grave discapito della finanza del Comune, e non potendo i cittadini restar sopraccaricati di nuovi balzelli, quelli, che più ne venivano colpiti, presero ad agitarsi, e ad agitare; e l'esasperazione, finalmente, irruppe, quando si seppe che Monsignor Delegato aveva fatto arrestare alcuni negozianti, indotto, forse, dalla falsa credenza, che fosse un moto rivoluzionario quello, che, in realtà, non era che l'espressione della pubblica indignazione, sebbene, in fondo, non ci fosse estranea la politica.

Nelle ore pomeridiane del 2 novembre, buona parte della popolazione esplodeva in una solenne dimostrazione, cui presero parte cittadini, senza distinzione di classe. Il grido di tutti era « *fuori i ladri*, » « *abbasso il Municipio* ».

La folla preceduta dalla banda musicale percorse la *strada magistrale (Corso Garibaldi)*, e si recò sotto le finestre del palazzo Delegatizio, ove replicò le stesse grida, ed aggiunse, « *fuori i carcerati* » « *vogliamo i carcerati* ».

Dopo qualch'esitanza Monsignor Delegato, non avendo forza per resistere alla minacciosa attitudine dei dimostranti, rendeva la libertà agl'ingiustamente detenuti.

Il popolo, allora, credendo in buona fede, ravveduto il Governo, e ispirandosi ad un religioso sentimento, si diresse al tempio delle Grazie, ove cantò lodi alla Vergine, per l'ottenuta pace.

All'imbrunire le case furono illuminate, e parte della notte trascorse in pubbliche manifestazioni di gioia.

Ma non fu quello un'atto di sentita giustizia. Fu invece timore dell'imponente sommossa, fu coscienza della propria debolezza.

Infatti, ritornata la calma, Monsignor Delegato, spronato dagli offesi del 2 novembre, chiese al Governo di Roma un buon rinforzo di truppa, per far procedere, con esemplare rigore, contro i Capi del movimento; ciò che gli venne accordato, e due compagnie di *Tiraglioli* giunsero, poco dopo, a Benevento.

Nella sera del 15 dicembre Gendarmi ed Agenti di polizia, in forte numero, circondarono il Convento e la Chiesa di S. Pasquale, posta fuori *Port'Aurea*, ove per l'immunità, che, in allora, godevano le Chiese e i Conventi alcuni, maggiormente compromessi, si erano rifugiati e niuno di essi potè sfuggire all'arresto; sicchè, strettamente ligati, furono, per l'esterno della città, condotti nelle carceri del castello, ed eccone i nomi: — signori Michele Cosentini, Angelo-Maria De Longis, Tommaso Campanella, Giuseppe Pastore fu Vincenzo, Antonio e Raffaele Lamparelli (questi ultimi tre non sono più tra i viventi).

Nel processo furono pure coinvolti diversi ecclesiastici e dignitarii del Metropolitano Capitolo, (tutti anche estinti) — il Canonico D. Giuseppe Collarile, i Parroci Capasso e Ventura, i Sacerdoti D. Giuseppe Pastore, e D. Achille Coppola. Arrestati, in una stessa notte, immantinente furono posti in carrozze ed avviati a Roma, accompagnati dalla pubblica forza.

Siffatto procedimento, vuoi perchè esorbitante e dispotico, vuoi perchè dettato da spirito di parte, fece ben triste impressione sulla cittadinanza, che non esitò ad influire perchè si fosse fatta la luce e la giustizia; di tal chè non ostante incalzassero le accuse dei signori del palazzo di città, il Governo di Roma venne presto in chiaro della realtà delle cose, e adottò i seguenti, giusti provvedimenti.

I detenuti furono liberati , il Consiglio Comunale fu sciolto con pubblico bando, ed a suono di tromba , come in allora si usava, restando affidata l'amministrazione ad una Commissione, in linea provvisoria. Un'altra Commissione fu pure nominata, con l'incarico di verificare le opere pubbliche, eseguite dall'anno 1843 al 1855, e di riferire in ordine ai singoli fatti, risguardanti la pubblica azienda.

La Commissione amministrativa fu composta colle persone dei signori barone Francesco Dell'Aquila Presidente, avvocato Luigi Ventura vice-Presidente , avvocato Giuseppe Mutarelli, ingegnere Pasquale Zoppoli, e Gennaro Collenea, membri.

La Commissione d'inchiesta fu composta colle persone dei signori marchese Giuseppe Pacca , Bartolomeo Arcidiacono Capasso, Marzio Orsolupo, avvocato Salvatore Gramignazzi - Serrone, professore Francesco-Saverio Sorda, ingegnere Giambattista Iazeolla, ingegnere Nicolò Alvano.

Di detta Commissione fece anche parte il Commissario straordinario governativo signor Pietro Virgili, Segretario Generale della Delegazione di Velletri, e l'ingegnere cavaliere Filippo Navona, entrambi, specialmente , incaricati dal Ministero, quali persone di fiducia.

Nel mattino del 21 Aprile 1856 fu dato principio alle operazioni di verifica delle predette opere, ed il risultato fu che fondati erano i clamori e le accuse contro l'Amministrazione comunale, e che la rivolta del 2 novembre 1855 non era l'opera del partito clericale, come dalla *Camarilla* si voleva far credere, sibbene una generale manifestazione di malcontento e d'indignazione, contro la stessa, chè, allo sperpero del pubblico denaro, univa la prepotenza.

Il relativo verbale, chiuso addi 4 maggio del detto anno, ne fa piena prova, di cui, qui appresso, è opportuno riportare qualche brano più interessante, anche perchè molti parlano della sommossa del 1855, volgarmente detta *la rivoluzione delle frasche*, ma pochi, soltanto, conoscono certi dati di fatto, ed il merito della questione, che tanto agitò questa popolazione, in quell'epoca.

L'originale verbale trovasi depositato in quest'archivio comunale.

Regnando la Santità di Nostro Signore

PAPA PIO NONO

———

Verbale di visita e ricognizione
di tutte le opere pubbliche, eseguite nella città e provincia
di Benevento, dal 1843 ad oggi 4 maggio 1856

. . . .
. . . .

OPERE COMUNALI

Nel giorno 22 Aprile, adunatisi nella sala della residenza Municipale l'illustrissimo Gonfaloniere e gl'infrascritti componenti la Deputazione per le opere pubbliche, data lettura dell'istromento di appalto, risulta che le opere da verificarsi, sono le seguenti:

1. Costruzione della strada *Pia*.

2. Lastricatura della strada *magistrale*, e dell'altra *Porta-Rufina*.

3. Costruzione del nuovo teatro comunale.

Si è rilevato dall'incartamento, che la costruzione della strada *Pia* non ha avuto più luogo, dietro le lagnanze, che hanno menato i proprietarii delle case, lungo di essa. Che la lastricatura, da porta *Somma* a porta *S. Lorenzo*, è stata finora eseguita per soli 500 palmi. Che finalmente il teatro è stato ese guito per la maggior parte della sua fabbricazione grezza, e non ancora coverto, interamente, del tetto; privo quindi non solamente della decorazione interna ed esterna, ma benanche di tutte le altre opere costituenti scale, pavimentatura, pezzi d' opera di porte e di finestre, stuccatura di muri ecc.

Dal medesimo incartamento, compilato per tali opere, è risultato che l' appaltatore assumeva l'obbligo di dare, completamente, ultimato il teatro e la strada *Pia*, nello spazio di anni quattro, e le altre strade interne nel corso di anni sette, a contare dall' approvazione governativa del 16 gennaio 1851.

Che però dal Delegato Monsignore Agnelli, in seguito di proposta della Comunale Magistratura, nel giorno 13 Agosto 1852, il signor Grimaldi appaltatore ottenne una dilazione per la consegna deffinitiva del teatro, cioè, dandolo, interamente, completato per tutto il 1856, assumendo in corrispettivo l'obbligo di dare finalizzata la strada interna di porta *S. Lorenzo* a porta *Somma,* per tutto l'anno 1853.

Dall'istromento di appalto risulta che l' ammontare delle dette opere, accettato dal Grimaldi, è come segue.

Importo delle due strade interne e della strada *Pia*, ducati 20646,00
Importo del nuovo teatro, ducati . . . 21611,00
_____

In uno ducati 42267,00

Alla quale somma aggiunta l'altra di anticipazione, che avrebbe dovuto fare il Grimaldi per lo acquisto delle case, lungo la strada *Pia*, in ducati 3866,00
_____

il prezzo totale dello appalto ammonterebbe a ducati 45833,00

Premesse tali considerazioni, son passati i Componenti la Commissione alla verifica parziale di ciascuna di dette opere.

Teatro comico

Prima di ogni altro, dall'incartamento si rileva ch'esistono n.° 10 certificati della Comunale Magistratura e Deputazione teatrale, dai quali appare che siano state approfondite ed ampliate, al di là del preventivo, tutte le fondazioni dell'edifizio teatrale, senza la preventiva approvazione governativa.

Che gli ambienti dell'ambulatorio dei palchi hanno avuto la loro inutile e costosa sostituzione. D'altra parte la qualità della terra, presentata dai saggi fatti, non è poi tale da richiedere larghezza di duplicate riseghe, ognuna delle quali sorpassa quella assegnata dal Bellidoro, cioè di un palmo, rapporto ai muri sopra terra, dell'altezza di palmi 60.

La borsa del Comune deve quindi risentire alquanto la spesa di fondazione soprabbondante, non solo oltre il bisogno di costruzione, ma anche perchè sopra cattivo terreno.

Infatti, se si mette in paragone il complesso delle aree occupate dalla fondazione di tutt'i piè dritti, e la totale superficie dell'intero teatro, si troverà che l'aggregato di quella, e la superficie, che rimane inedificata, presenta uno sbilancio di rapporto nella stabilità basamentale dell'edificio, da sorpassare, lungamente, tutti gli esempi di tale stabilità, riferitici da Rondolet, Cavalieri e Sganzin, maestri della scienza e dell'arte edificatoria. E che sia così, la superficie icnografica dell'intero teatro è di circa 12196 palmi quadrati.

La somma delle aree occupate dalle attuali fondazioni ascende a palmi 3990 circa. Sono adunque le dette fondazioni quasi la terza parte dell'intera pianta.

Si è poi venuto ad esaminare, dettagliatamente, se le dette dimensioni delle piante, costituenti il teatro, corrispondessero esattamente ai tipi del medesimo, ed avendole riconosciute, sommariamente e rispettivamente, conformi al preventivo per la massima parte di esse, se ne sono riscontrate soltanto le seguenti variazioni.

1. Le due facciate esterne e longitudinali del teatro, verso la piazza *S. Sofia* e via *Giardini,* hanno sofferto qualche variazione, nella parte decorativa esterna della medesima, da non potersi però rilevare, esattamente, quale sarebbe stata la primitiva idea dell'autore, progettata in preventivo, per mancanza di necessario tipo, che vi sarebbe bisognato, a corredo del progetto, ed a dichiarazione di quelle ortografie.

Nel palcoscenico altra variazione fu portata dall'elevazione di due muri parallèli, e totalmente privi di lume e ventilazione, che sembrano costruiti a meglio rinforzare, concatenare e basare l'ambiente, già costruito, di telaio esterno di detto palcoscenico, i quali, con le loro alquanto scarse spessezze, potrebbero presentare qualche debolezza, rispetto al macchinario delle scene.

Però i due ambienti laterali, col più grande di mezzo, formano il palcoscenico, restando oscuri ed altissimi, non sembrando sufficientemente utilizzati, mentre le due scalette, poste in fondo agli ambulatorii dei palchi, ed in conseguenza colla larghezza del proscenio; avrebbero potuto dare accesso a diversi piani, utilizzabili, in qualche modo, nei due laterali di quel comprensorio.

2. L'altra variazione notevolissima, che si è riscontrata tra il preventivo e l'eseguito, in quella costruzione, si è il tetto a due falde del teatro. Questo tetto nel preventivo è riportato a padiglione a quattro falde, e in otto incavallature, che oltre al costare molto meno, presenta non molta solidità per sostenere l'impalcatura, che deve scaricare il suo peso su quelle corde del sistema.

Oltre a ciò, le falde del tetto hanno ricevuto un'inclinazione all'orizzonte un po troppo risentita, in questo clima di Benevento, ove il tetto, coperto di tegole a tegole maritate, è più che sufficiente allo scolo delle acque pluviali e delle momentanee nevi, inclinandone le falde sue da 20 a 21 gradi all'orizzonte, giusta la tavola presentata dai sovracitati autori. Una tale elevazione, d'altronde, e la conformazione prismatica triangolare del tetto ha portato, di conseguenza, una maggiore elevazione delle fabbriche di telaio al palcoscenico, sollevando il coperto di questo

ad un'altezza esorbitante, e quasi inutile al movimento dei si-
parii e della scena.

3. L'ultima variazione poi, che si è presentata, rispetto al
piano preventivo del teatro, si è l'aver tolto interamente il tetto,
progettato per coprire la parte anteriore del teatro , con l' impalcatura ad astrico polverino, capace a garentire i soffitti dei
locali sottoposti, sostituendo invece le correnti impalcature, che
oggi si osservano già fatte. Questa variazione di non lieve momento, in defalco di spesa del preventivo, ed oltremodo dannosa nel clima di Benevento, soggetto alle forti gelate delle in-
vernate, non vedesi autorizzata da alcun'atto ufficiale ed au-
tentico.

Premesse le dette verifiche ed osservazioni, deve, per altro,
dirsi che, in generale, le fabbriche sono state eseguite con esattezza, meno che si osserva quant'appresso.

1. Che giusta il processo verbale del 13 agosto 1852, passato tra la Magistratura Comunale e l'appaltatore signor Grimaldi,
sta scritto nell'art. 1, riguardante le fabbriche, che fino al pa-
vimento delle sale superiori nei locali, che precedono il teatro,
e per tutta l'estensione di esse fabbriche, si dovranno costruire
con assolute pietre campestri, ed ogni due palmi di elevazione
con filo di zoccoletti spianati. Intanto i membretti ed i pilastri
non sono costruiti di mattoni , malgrado la fabbrica di quella
qualità sia stata elevata a ducati cinque la canna.

Oltre a tutto ciò il signor Iazeolla per parte del Comune ha
fatto osservare l' inutilità in Benevento di tutta la parte anteriore del teatro, e che lo stesso signor Francesconi, autore del progetto, ha nel proemio del suo preventivo separata dal rimanente
del fabbricato, assegnando a quello ducati 14251,20. Con una
restrizione di spesa sarebbe bastato il solo prezzo dell' attuale
fondazione di questa parte, superflua per Benevento , affine di
aggiungere un portico alla parte essenziale del teatro, per scar-
rozzare al coverto, e più architettonicamente decorare quel mu-
ro, che sarebbe rimasto, in tal caso, per facciata principale del-
l'edificio.

Nel percorrersi, partita per partita, il preventivo, il signor

Iazeolla ha fatto anche osservare al signor ingegnere Navona, che non solo moltissimi articoli del detto preventivo si trovano apprezzati in blocco, e senza dettagli di elementi di spesa, ma benanche i prezzi elementari delle fabbriche, cavamenti e trasporti, sono fissati al di là di questi, che oggi in Napoli vengono stabiliti e stampati dalle pubbliche direzioni del · R. Corpo del Genio *Ponti e Strade*, Corpo della *Città di Napoli* e *Real Casa*, nonchè superiori anche di molto a quelli, che, oggi giorno, corrono a Benevento.

È stata questa riflessione fatta di passaggio, restando a cura di esso stesso signor Iazeolla e Alvano presentare nei loro futuri rilievi le analisi più minute dei prezzi elementari, per ogni loro coscienzioso discarico.

Finalmente riscontrati tutti gli articoli del piano preventivo del signor Francesconi, con quelli già eseguiti e modificati dall'appaltatore signor Grimaldi, fino a tutt'oggi, e fatto anche un calcolo approssimativo delle fondazioni, eseguite oltre le progettate, si è rilevato che la somma, press'a poco, spesa dall'appaltatore per il teatro, può ascendere alla cifra di circa ducati 11000,00 stando a tutto rigore ai prezzi del contratto.

Da questo calcolo approssimativo, che qui si enuncia, non per emettere una sentenza di tutto rigore matematica ed architettonica, ma per avere un dato di solo conto morale dell'eseguito finora, chiaro appparisce che non sono stati tutelati gl'interessi del Comune, e che, d'altro lato, è fisicamente impossibile portare a termine il teatro, per tutto il corrente anno 1856, come prescrive il contratto.

Strada Magistrale

Nel mattino dei 23 Aprile si sono nuovamente riuniti . Rappresentanti la deputazione di verifica . . . .

. . . .

Si è osservato quant' appresso.

1. Il signor Grimaldi, anzichè terminare la strada *magistrale* per tutto l'anno 1856, giusta il contratto, ne ha eseguita una

sola parte, cioè quel tratto, che intercede tra porta *Somma* e il Duomo.

Il signor Iazeolla, quindi, alla presenza dei sullodati signori si è formalmente protestato da parte del Comune.

Non lieve sorpresa poi e meraviglia ha cagionato, nell'animo dei Componenti la Commissione di verifica, nel controllare la forma della strada prescritta dal preventivo, ben diversamente eseguita, oggi, nel fatto.

I due basolati calcareo e vulcanico, che avrebbero dovuto comporre l'intero letto di detta strada, se fosse stata eseguita con le tre zone parallelle, prescritte dal preventivo, avrebbero portato tanta bellezza, uniformità, e simmetria alla strada, per quanta deformità e capriccio oggi presentano alla vista, dopo che una malintesa economia ed acciavattamento di costruzione si è voluto preferire all'allineamento, ed al parallellismo delle zone calcaree, la irregolarissima addentellatura del basolato calcareo vulcanico.

Quindi hanno protestato i signori Iazeolla ed Alvano, da parte del Comune, questo cambiamento di forma nella bellezza e nella simmetria della strada, che costituisce un'essenziale trasgressione dei patti del contratto di appalto, e che perciò il Comune di Benevento può dire all'appaltatore signor Grimaldi di non potersi ricevere una strada sì deforme alla vista, mentre ha speso il pubblico denaro per averla bella e simmetrica, come appunto fu progettata. Perciò hanno significato che questa ragione sola basta, perchè la verifica non vada più oltre, dovendo il signor Grimaldi rimetterla, secondo la forma prescritta.

Ciò non pertanto, di comune accordo, si è proceduto all'ispezione sulla certezza di trovare altri sconci.

3° Il non trovare usato il brecciame nei siti, ove la strada si slarga, oltre le zone prescritte nel preventivo, produce maggiore deformità; e ciò succede perchè si è voluto economizzare e farsi dall'appaltatore un'altro indebito lucro, giacchè la spazzatura dei basoli calcarei avrebbe sofferto un'altro sfrido, e specialmente nei vulcanici, laddove si fossero eseguite le tre zone stradali costanti, parallelle tra loro.

(Si tralasciano gli altri rilievi circa la ricongiunzione delle strade. laterali)

Si conchiude, quindi, che siffatta mancanza dell'esecuzione del preventivo, ed il lucro, che ha preteso fare l' appaltatore dànno il dritto al Comune di defalcare dall' importo delle strade la cifra richiesta per quegli difetti, laddove il Comune si risolva ad accettare la consegna delle opere in parola.

É inutile dire che il Comune non solo accettò le opere, così malamente eseguite, quanto non chiese defalco!

(Segue la descrizione di sette saggi, che si tralascia)

. . . .

Quindi dai signori Iazeolla ed Alvano si è dedotto che i basoli non presentano le caratteristiche necessarie accettabili, sia perchè quasi tutti rinvenuti nei testi, mancanti della parte inferiore coneiforme, chiamata coda, sia in ordine alle dimensioni, che dovrebbero avere, per appartenere alla categoria di quei così detti basoli di *passo e non passo*, sia perchè mancanti delle consuete aristature (infilature) per essere connessi a perfetto contatto, com' è di pratica nella struttura di tali lastricazioni.

Riconosciutasi sotto tutt' i rapporti la riprovevole costruzione di questa strada, si è osservato che ove il Comune si risolvesse a riceversi dall'appaltatore l'opera in parola, così malamente eseguita, in tal caso, è dovere di somma giustizia ed equità, che i prezzi elementari stabiliti nel contratto di appalto siano ridotti, almeno, a quei surriferiti di Napoli, nei quali il maggior valore degli elementi di fabbrica, in quella capitale, è più che sufficiente compenso alla maggiore spesa pel trasporto dei basoli da Portici a Benevento.

Ciò premesso, i sottoscritti osservano, di passaggio, che anche nel caso di ricezione delle opere, per parte del Comune, dovrebbe defalcarsi il sesto dell' opera, giusta l' art. 25 del ca pitolato generale dei lavori pubblici, dei *Ponti e Strade*, poichè non solamente questo tronco, ma la intera strada doveva esser consegnata fin dal 1855.

(*Segue il verbale della verifica eseguita alle altre strade interne ed alle esterne, cioè strada*. Piano della Cappella, Egnazia, *di* Molise *e di* Valfortore, *i di cui rilievi si tralasciano, riportandone la sola conchiusione, abbastanza eloquente, contenuta nei seguenti termini*).

Il risultato della ispezione e verifica fatta alle strade suddette, non fu dissimile da quello ottenuto per le altre succennate opere, cioè, di essersi eseguite malamente, ed a prezzi elevati; e l'unico rimedio per correggere i difetti è rifarle, come per correggere le fabbriche non vi è altro che demolirle e rifarle, non essendosi costruite strade rotabili, ma cavalcabili e per pedoni, e che l'importo di esse, erogato dalla provincia, in ducati 40 mila non potrebbe ascendere che alla metà di questa cifra.

Redattosi il presente processo verbale, basato fedelmente sulle note singole, fatte sopra luogo nelle rispettive ispezioni, i Componenti la Commissione si sono congregati nel luogo, come sopra, e l'hanno sottoscritto:

Firmati — Gonfaloniere marchese Giuseppe Pacca.

Gli Anziani — Avvocato Salvatore Gramignazzi-Serrone, Marzio Orsolupo, professore Saverio Sorda.

I Deputati

Bartolomeo Arcidiacono Capasso, Giacomo dei baroni Saberiani, dottor Carmine Nardomeo, Giuseppe Galasso-Basso, Vincenzo Colle De Vita, professore-architetto Giambattista Iazeolla, architetto Nicolò Alvano, funzionante da ingegnere comunale.

————

Dalle suesposte cose si comprende, di leggieri, se fosse, o no, giusta la sommossa del 2 novembre 1855, e l'odio contro la *Camarilla*, ch' era ritenuta la causa principale dello andazzo amministrativo, dello sperpero del pubblico denaro, a privato vantaggio, ed anche del dispotismo governativo; sicchè il popolo anelava il momento favorevole per sottrarvisi.

Questo desiderio, unito all'altro di veder migliorate le industrie e il commercio, sotto un nuovo ordine di cose, spingeva tuttodì a osteggiare il governo papale, ed a mandarlo in aria.

Nè ciò era un mistero per la *Camarilla*, e per lo stesso Governo, poichè i mali, da una parte, e le minacce del popolo, dall'altra, aumentavano, giornalmente; e come tutt'i governi dispotici e le decrepite istituzioni si sfasciano, per forza della inesorabile legge morale, che impera sull' universo, così avvenne anche del governo pontificio, in Benevento, senza che il suo secolare potere, e quello sedizioso dei suoi gaudenti proseliti fosse riuscito a tenersi in piedi.

Capitolo VII.

Il 1860 — Propaganda rivoluzionaria — Comitato insurrezionale — Organamento del partito — Corrispondenza col Comitato Centrale, e coi Comitati delle provincie limitrofe — Condotta della Camarilla — Trattative col Comitato Centrale, per far divenire Benevento capoluogo di provincia napoletana — Disposizioni e preparativi per insorgere.

Come la ridente aurora annunzia un bel giorno di primavera, così il 1860 fu foriero di un prospero avvenire per Benevento.

Le sante aspirazioni di Dante, di Macchiavelli, e di tanti martiri italiani erano per divenire una realtà. L'apostolato di Giuseppe Mazzini, i supremi sforzi, da esso fatti per la conquista della libertà e della indipendenza della patria, mediante l'unità, stavano per raggiungere la mèta.

In fatti, riscattata la indipendenza, mercè il sangue sparso a Palestro e a S. Martino, ed ottenute delle franchigie con la pace di Villafranca, e col trattato di Zurigo, i patrioti d'Italia, seguendo i consigli del venerando proscritto, rivolsero i loro sforzi alla parte meridionale della penisola, che ne aveva maggior bisogno, perchè sottoposta al giogo dei Borboni,—dinastia aborrita, e per indole avversa ad ogni principio di libertà e di progresso.

Fu allora che alcuni liberali di questa città compresero esser giunto il momento di procurare al paese natio un serio e radicale miglioramento, e, senza por tempo in mezzo, diedero esecuzione a idee già mature, concorrendo, in pari tempo, al movimento unitario nazionale, per far grande e libera la patria comune.

A me toccò l'onore dell'iniziativa. Avendo nel 1848 fatto parte della *Giovine Italia*, partito creato da Giuseppe Mazzini per l'unità nazionale, ed avendo militato contro le truppe francesi nel 1849, in difesa della Repubblica Romana, non potetti rimanere indifferente in quei supremi momenti: ma scosso ed animato dalla voce del dovere, risolsi di organizzare un partito, per prestare il maggior possibile concorso al movimento nazionale, e vedere anche unita Benevento alla grande famiglia italiana, assicurandole, simultaneamente, una posizione più splendida e rispondente ai suoi bisogni ed alla storica sua tradizione.

Per l'attuazione di tale proposito si affacciavano gravi difficoltà, — la mancanza di mezzi finanziarii, — il difetto di gente risoluta ad affrontare i sacrificii, occorrenti per un pericoloso lavorio, e per l'attuazione della rivoluzione: però l'ardente desiderio della riuscita le fece superare; sicchè, nel febbraio del detto anno, riuscii a comporre un comitato insurrezionale col programma *Italia e Vittorio Emmanuele*, nelle persone dei signori avvocato Domenico Mutarelli e Giacomo Venditti, membri—di Francesco Rispoli segretario, e di Pasquale Capilongo, fu Luigi, cassiere.

Posteriormente, e quando già l'organamento del partito era un fatto compiuto, — per le istruzioni ricevute dal Comitato centrale, — fu il Comitato di Benevento rafforzato con altri elementi, ed invitati, ne fecero parte, i signori Nicola Vessichelli, Gennaro Collenea, marchese Giovanni De Simone.

Fu ciò consigliato dalla necessità di viemeglio paralizzare le mene dei reazionarii, ma che, in ultimo, non raggiunse l'intento.

E quì cade opportuno smentire quanto fu da altri scritto, in ordine alle persone, che componevano il Comitato insurrezionale nel 1860, ignari forse dei fatti relativi alla rivoluzione beneventana, o perchè animati da spirito di partito.

Così il barone Nicola Nisco, nel libro dal titolo *Francesco II*, fece figurare i Capi della *Camarilla*, come componenti il detto comitato insurrezionale, mentre invece furono, esclusivamente, quelli da me indicati.

Niente di più facile, che anche la *Camarilla* si fosse costituita in comitato, ma non certo per concorrere alla rivoluzione unitaria, sibbene per la propria difesa personale, e pei proprii interessi; giacchè sapeva di essere odiata e minacciata dal popolo.

Con eguale inesattezza e parteggiamento parlò dell'istallazione del governo provvisorio, e degli uomini, che lo rappresentarono, ai quali non si degnò nèanche dare il titolo di signor tale.. .....

Più censurabile, poi, è il concittadino avvocato Errico Isernia, il quale, nella sua istoria di Benevento, scrisse come più la passione e lo spirito di parte gli suggerirono. Egli, invero, non arrivò fino al punto di scambiare i nomi dei Componenti il Comitato, come aveva fatto il Nisco, però disse che il *Sebezio Comitato aveva creato il Comitato di Benevento, bramoso di sottrarla al Papa* (sic !)

Che strana asserzione!

È chiaro che, ciò facendo, credè togliere il merito dell'iniziativa a chi spettava, — ai pochi e veri liberali suoi concittadini. Nè di ciò pago, in altro punto della detta istoria, chiamò *faziosi* gli uomini della rivoluzione, e scivolò in altri non veri episodii, come si vedrà a suo luogo.

Non è poi a meravigliarsi di tutto ciò, giacchè il signor Isernia, era uno dei proseliti della *Camarilla*, scatenatasi contro il partito della rivoluzione.

È coi documenti, soltanto, e non con le semplici passionate asserzioni e denigrazioni, che si fa la storia, e innanzi ai documenti bisogna inchinarsi.

Intanto, io chiudo questa disgustosa digressione, per narrare l'opera patriottica compiuta dal Comitato di Benevento.

Non appena si fu istallato, si pose subito in corrispondenza col Comitato centrale di Napoli, dal motto *Ordine*, ch'era composto dalle persone dei signori marchese D'Afflitto, marchese Caracciolo di Bella, Silvio Spaventa, Giuseppe Lazzaro, (ora deputato al Parlamento), Pietro Lacava, (ora Ministro dei Lavori Pubblici), da Fedele De Siervo, (Senatore del regno), e da altri distinti patrioti. A mezzo poi dei signori Lazzaro e De Siervo, il Comitato di Benevento tenevasi in relazione con quello Centrale; e, non è a dire, con quali e quante precauzioni, per non cadere nelle mani della fiera polizia napoletana, diretta, in allora, dal famoso Commissario Ajossa.

Su quest'argomento stimo necessario estendermi, dettagliatamente, e ciò non per sentimento di vanagloria, avendone sostenuto la principale parte, ma sibbene per mettere in luce tutto l'operato del Comitato di Benevento e del partito democratico, — sempre bersagliato e calpestato; — cosicché molti, che non potettero formarsi un giusto giudizio dei come si svolsero le cose nostre nel 1860, perchè non avevano sott'occhio i documenti, ora possono convincersi che furono travisate, risultandone la realtà dai documenti, che sono qui appresso pubblicati.

Il Comitato unitario di Benevento adottò le seguenti istruzioni, ricevute dal Comitato Centrale, esistente in Napoli.

COMITATO CENTRALE NAZIONALE

1. Costituirsi un Centro di pochissime persone segretissime, e che comprendano che, chi è loquace, si uccide nell'onore e si perde nella persona. Che sappiano sostenere le persecuzioni e soggiacere in eterno, anzichè dar segno di debolezza, comprendendo, pure, che chi cede non si libera, e più diventa infame.

2. Questo Centro debba tenersi in corrispondenza con Napoli e con persone di fiducia, e fare in modo, che possano ricevere tutto ciò, che si giudica opportuno.

3. Corrispondere pure con Avellino e Campobasso, e perciò ligarsi coi due Centri di queste provincie vicine.

4. Fondare subito una cassa, sia per le proprie spese, sia per corrispondere ciò, che si chiederà a Napoli, se si dovesse versare nell'interesse comune.

5. Scopo di ciò, per ora, è di tener desti gli animi ed uniti, per indrizzare la pubblica opinione, affinchè non si devii dai principii supremi — *Libertà e Indipendenza d'Italia*.

6. Ricevendosi carte per diffonderle, eseguir subito, e tenere anche qualche corriere a disposizione, e se fosse possibile, ancor non venale e volgare, ma patriottico e intelligente.

7. Gli uomini del Centro dirigente debbono godere fiducia e ispirarla, debbono aver coraggio, ed esser prudenti: debbono, ad ogni costo, evitare le pubbliche riunioni, il frequentare i caffè, il far crocchi; insomma mostrarsi indifferenti e per nulla richiamare l'occhio delle Autorità.

8. Debbasi evitare, scrupolosamente, ogni scritto, specialmente per posta. I nomi non dirsi mai, nèanche coi più intimi. Il contrario sarebbe un errore, che confina col tradimento, e che sarebbe punito.

9. Il modo dell'organamento è nella discrezione di chi sta sopra luogo, purchè si abbia presente il fine prossimo di esso, cioè, *unione, eccitamento;* insomma grande preparazione per atti solenni e decisivi.

Napoli, febbraio 1860.

_____

In esecuzione delle suddette istruzioni, dalle quali può apprendersi, che non era cosa facile scrollare le basi dei secolari governi, borbonico e papalino, fu, nulladimeno, diramato il partito, tanto in Benevento, quanto nei limitrofi Comuni della Pontificia Delegazione, con quell'organamento, che si stimò opportuno, e che fu quello settario, sulle norme del partito della *Giovine Italia*, creato dal grande apostolo della libertà — Giuseppe Mazzini, — del quale organamento fu informato il Comitato Centrale, e questo, non solo approvò l'operato del Comitato di Benevento, quanto gliene rese lodi, col seguente dispaccio:

AL COMITATO DI BENEVENTO

Il Comitato Centrale ha appreso con grande soddisfazione, che si è istallato nella vostra provincia un Centro dirigente, non che diramata una competente associazione, con apposito regolamento.

Fa plauso ai sentimenti, onde sono animati codesti patrioti, e si augura, dalla loro perseveranza, dalla loro operosità ed abnegazione, tutti quei prosperi risultati, che debbono condurre allo intento, — di fare libera e indipendente la italica famiglia.

6

Desiderando il Comitato Centrale, che i regolamenti di tutte le provincie abbiano, tra loro, la maggiore possibile uniformità, si permette fare alquante osservazioni, riguardo al vostro.

1. Non sembra molto conducente il moltiplicare tanti centri dipendenti, quanti sono i Comuni. In altre provincie si sono formate delle Sezioni, composte di più paesi dipendenti da un Capo-Sezione, il quale corrisponde con esse e col Centro Dirigente.

La gerarchia consiste nel Centro Dirigente, Capo-Sezione e Municipio.

2. Non stima necessario il vincolo del giuramento, perchè non si può dare l'apparenza di setta ad un partito, che oltre ad avere per sè la forza, che gli viene dalla coscienza della giustizia, e dalla santità della causa, gode il favore della maggioranza numerica, la quale, solo che s'intenda e si accordi, trionferà senza dubbio.

3. Nulla è stabilito per le armi e le munizioni, delle quali ogni patriota dev'esser fornito, ed a cui deve, sopratutto, in tempo, pensarsi e provvedersi.

Prenderete in considerazione i soprascritti articoli, e nella saggezza, che vi è propria, li volgerete a vantaggio della pubblica cosa.

In ogni modo i patrioti locali sono i giudici competenti per quanto loro tocca da vicino.

Il Comitato Centrale fa alle SS. LL. le più fervide raccomandazioni perchè si attui, con prestezza, il lavoro dell'organamento, e siano nel cuore di tutti l'ordine, la concordia e la fratellanza sincera.

Napoli, 10 marzo 1860.

————

L'organamento dato al partito di Benevento non ebbe bisogno di modifiche, perchè rispondente alle condizioni locali, ed allo scopo finale.

L'associazione era divisa in tanti nuclei, detti *Sezioni*, ognuna composta da dodici a venti affiliati, sotto la dipendenza di un Capo-Sezione, il quale corrispondeva, direttamente, con uno dei Membri del Comitato.

I Capi-Sezione, in generale, erano uomini d'arme e risoluti, e ricevevano dal Comitato la *parola d'ordine*, come tutti gli affiliati avevano un segno di riconoscenza tra loro.

Quando a quando venivano ad essi comunicate notizie, istruzioni e bollettini, per tenerli entusiasmati e pronti in ogni occasione.

In fatti l'associazione corrispose alle concepite speranze, poichè rese utilissimi servigi all'ordine ed alla tranquillità pubblica, anche prima della rivoluzione, e, per essere abbastanza disciplinata, seppe serbare il segreto; sicchè non ebbe a soffrire molestie da parte della polizia.

Intanto l'audace riscossa iniziata a Palermo, il 4 Aprile, da una mano di giovani patrioti col concorso dei Frati della *Gancia*, sebbene soffocata nel sangue di quei prodi, pure valse a suscitare nuovo e potente fermento nel Regno, e a decidere lo sbarco meraviglioso dei Mille a Marsala, come ognun sa, capitanati dall'Eroe dei due mondi — Giuseppe Garibaldi —, e che venne effettuato all'alba dell'11 maggio.

L'atto ardimentoso incoraggiò i diversi Comitati insurrezionali, i quali, immediatamente, incominciarono a preparare la rivoluzione nelle rispettive province, che, d'altro lato, si era resa maggiormente necessaria, per avere re Francesco prese le sue precauzioni, inviando nella Sicilia tutte le forze disponibili.

Gl'indugi, però, ancora esistevano da parte del Comitato centrale, dal motto *Ordine*, aspettando che la diplomazia avesse suscitato attriti e questioni, d'onde poi la necessità dell'intervento delle truppe piemontesi.

La rivoluzione faceva paura, e si tentava evitarla. Ecco tutto!

Ma i patrioti delle province erano impazienti e decisi ad insorgere, mentre, d'altro lato, il Generale Garibaldi impaziente più di tutti, vedendo il male, che arrecavano gl'indugi, ed i progetti del Comitato sedente in Napoli, v'inviò, quale suo Commissario, il vecchio patriota Nicola Mignogna con un suo autografo, dandogli speciali istruzioni, in seguito di che fu istallato, in Napoli, un nuovo Comitato insurrezionale, dal motto *Azione*, aggiungendo al programma, *Italia e Vittorio Emanuele*, la *Dittatura di Garibaldi*, e fu per opera di questo Comitato, presieduto dall'energico patriota Giuseppe Libertini, di Lecce, che gli indugi furono rotti, e fu accelerata la rivoluzione.

Col nuovo Comitato si pose subito in relazione il Comitato di Benevento, e si addivenne ad accordi, sommamente vantaggiosi per questa città, come si vede appresso.

Ecco, intanto, ciò che diceva il Generale Garibaldi nel suo autografo al Mignogna, e che venne comunicato al Comitato di Benevento, in data 7 Agosto 1860.

COMITATO UNITARIO NAZIONALE

Napoli, 7 Agosto 1860

Signor Presidente del Comitato di Benevento

Or ora giunge a questo Comitato un dispaccio del Generale Garibaldi, con istruzioni al cittadino Nicola Mignogna, appositamente incaricato, concepito nel modo, che trascriviamo.

Vi rimettiamo pure un proclama del Generale, munito del nostro sigillo.

Comando Generale dell'Esercito Nazionale di Sicilia

Messina, 31 Luglio 1860

CARO MIGNOGNA

Io prima del 15 Agosto spero di essere in Calabria. Ogni movimento rivoluzionario, operato nelle Provincie Napoletane, in questa quindicina, non solo sarà utilissimo, ma darà una tinta di lealtà in faccia alla Diplomazia, al mio passaggio sul Continente.

Qualunque Uffiziale dell'Esercito Napoletano, che si pronunzii pel movimento nazionale, sarà accolto fraternamente nelle nostre file, col proprio grado, e promosso, secondo il merito.

Dite ai vostri prodi del continente Napoletano che, presto, saremo insieme a cementare la sospirata, da tanti secoli, Nazionalità Italiana.

Firmato: *G. Garibaldi*

In seguito a tale eccitamento, il Comitato di Napoli spinse le trattative col Comitato di Benevento, e con gli altri delle provincie contermini pel movimento insurrezionale, e progettò potersi prendere l'iniziativa da Benevento, come centro di operazioni più adatto; e quindi gli diresse il seguente altro dispaccio.

Il Comitato Centrale di Napoli
al Comitato di Benevento

Visti gli sbarchi reiterati in Sicilia delle truppe borboniche, e siccome ogni soldato, che là si manda, è una nostra vergogna, dispone quanto segue:

1. Bisogna stringere le cose con Avellino, cioè assicurare quanti mezzi si hanno disponibili, sia in uomini, sia in armi.

2. Esser pronti a insorgere al primo avvertimento del Comitato Centrale, poichè può darsi che sia necessario, che l' iniziativa venga da Benevento, come luogo più adatto.

In somma se si dicesse a Benevento, iniziate, che farebbe?

Concertatevi con Avellino, poichè il concorso di Salerno è
assicurato, come anche quello della Basilicata, ed in breve porsi
in grado di dar la spinta al movimento, per le maggiori facili-
tazioni, che si hanno.

Si chiede pronta e precisa risposta, senza metter tempo in
mezzo.

Le cose urgono, la Patria richiede sforzi supremi.

Comunicate questa missiva ad Avellino.

(segno del bollo)

In vista delle suddette categoriche istruzioni, e richie-
ste, il Comitato di Benevento si mostrò all'altezza della sua
missione e degli impegni assunti, rispondendo che non si
era alieni dall'iniziare la rivoluzione, tra le provincie contermini, a condizione però che le stesse avessero tenuto
unità d'azione, e che Benevento fosse destinata centro di
operazioni militari.

Con ciò il Comitato non si lasciò sfuggire l'occasione,
che gli si presentava di giovare, in singolar modo, al proprio paese, facendogli, fin da quel momento, acquistare
moltissima importanza, che, indubbiamente, avrebbe di poi
conservata, come avvenne; ed in caso di attacco da parte
delle truppe borboniche, o papaline, si sarebbe trovata in
condizioni di meglio difendersi.

Gli accordi col Comitato di Avellino furono da me
presi, personalmente, in una riunione, tenuta nel Convento
dei Padri Scolopii, e fu stabilito, giusta il piano generale,
inviato dal Comandante in Capo Giuseppe Carbonelli, che

le bande insurrezionali di Nola, Valle, Mercogliano, ed A-
vellino, dovevano riunirsi ad Altavilla, e di là, per S. Pao-
lina, marciare su Montefusco, dove doveva farsi il primo
campo, ed il secondo ad Ariano, con le bande di Campobasso, del Vitulanese e del Beneventano; ed in conformità
furono date le opportune disposizioni.

Un'altra trattativa, ancora di maggiore importanza, fu
da me pure portata a termine, col Comitato Centrale, nel-
l'esclusivo interesse di Benevento, cioè, di farla riconoscere,
fin d'allora, quale capoluogo di provincia napoletana, quante
volte avesse iniziato il movimento insurrezionale, tra le
provincie limitrofe; la quale proposta fu dal Comitato ac-
cettata, emettendone formale dichiarazione, come rilevasi
dai due documenti, che seguono, in uno dei quali è pur
detto che, in ogni evenienza, i beneventani non restavano
abbandonati alla discrezione del Governo Pontificio.

1.° DISPACCIO   Napoli, 13 Agosto 1860

Il Comitato Centrale
al Presidente del Comitato di Benevento

TRASMETTE

1. Che l'analogo concerto con le provincie limitrofe dev'esser preso da codesto Comitato, ed all'uopo si è scritto ad Avellino, a Campobasso, ed alla Valle Vitulanese.

2. Che l'ora del nostro riscatto è vicinissima, più di quello
che si crede; quindi ci appelliamo alla vostra energia e patriottismo, alla vostra operosità e zelo, affinchè, nell'ora non lontana,
i figli di Benevento mostrino agli altri fratelli il loro amor di
patria, dividendo i loro pericoli, ed un dì non lontano, uniti

da un solo víncolo, e sotto un solo vessillo, siano a parte di ogni gloria cittadina e italiana.

Il Comitato di Benevento riceverà di tutto avviso anticipatamente.

(*segno del bollo*)

———

2.º DISPACCIO   Napoli, 15 Agosto 1860

Il Comitato Centrale
al Presidente del Comitato di Benevento

Il Comitato unitario-nazionale, conoscendo che, da più tempo, codesto Comitato lavora, operosamente, per raggiungere l'unità e la libertà d'Italia, sotto lo scettro costituzionale di Vittorio Emanuele, dichiara che, tenendo Benevento unità d'azione con le provincie limitrofe del regno delle due Sicilie, ed iniziando il movimento, fin da ora, la considera come capoluogo di provincia napoletana, e questo Comitato farà sì che, ad ogni costo, si realizzi una tale promessa, oltre che non abbandonerà giammai i beneventani alla discrezione del governo pontificio.

(*segno del bollo*)

———

Occorre forse altro per dimostrare quanto era necessaria la enunciata iniziativa della nostra città?

Sebbene, poi, il lavorio fosse stato condotto con segretezza, pure non potè, tutt'affatto, sfuggire e restare oc-

culto al governo delegatizio locale, nè a quello del Regno
di Napoli, chè anzi ne restarono allarmati.

Il partito avverso, cogliendo l'occasione, non mancò
di sollevare e diffondere le solite calunniose voci, che la
rivoluzione mirava all'*eccidio* ed al *saccheggio*, e ciò vuoi
per avversione ai principii di libertà, vuoi per animosità
personali, onde allontanare i più timidi, vuoi ancora per
far abortire la rivoluzione, con le misure preventive, che
avrebbe, senza dubbio, prese il governo.

Queste mene, conosciute in tempo dal Comitato, anzic-
chè disanimarlo, lo spinsero, invece, a raddoppiare di zelo
e di accorgimento, onde viemeglio raggiungere l'intento.

I pravi disegni dei *camarillisti* vennero anche scoverti
e denunciati, col seguente dispaccio, dal Comitato di Campobasso, ch'era presieduto dall'avvocato Nicola De Luca,
che fu poi Prefetto e Senatore del regno, ora estinto.

Il dispaccio è del seguente tenore:

Il Comitato di Molise

al Comitato di Benevento

Il Comitato di Molise desidera mettersi in più stretta relazione, con codesto Comitato, ed offre per mezzo di sicura corrispondenza il latore della presente.

Avverte, poi, il Comitato di Benevento che il signor Filippo
Iacobelli, per incarico ricevuto dal Re di Napoli, ha formato un
battaglione di mille uomini, ricavati dal 4.º battaglione mobile
degli Urbani di sette circondarii, e li ha stanziati in Pontelandolfo, ove sono già pervenuti mille fucili di munizione, con le
corrispondenti ciberne, ed ieri anche un grosso carico di munizioni.

Il Iacobelli dà per ragione di questo armamento la certezza di un sollevamento in Benevento contro la proprietà, l'onore e le persone.

State in guardia !

Pare che lo scopo vero sia quello d'iniziare la guerra civile e far abortire il movimento unitario.

———

E non era altrimenti.

Questo documento vale, poi, a rettificare quanto narrò lo storiografo Errico Isernia, a riguardo dell'Iacobelli, che cioè, costui, comandante le Guardie Urbane di S. Lupo, con Giuseppe De Marco e Filippo Iadovisio, aveva composto un Comitato insurrezionale, in dipendenza del Comitato centrale di Napoli, facendolo, così, figurare come la perla dei liberali, mentre il Comitato di Campobasso lo designava come un capo reazionario.

Ma chi sa dove l' Isernia andò a raccogliere tali notizie !

Facilmente dagli stessi reazionarii del 1860.

Frattanto il Generale Garibaldi, riscattata la Sicilia, era passato in Calabria, con un pugno dei suoi.

Lo sbarco era stato felicemente effettuato tra il *Capo dell'Armi,* e il *Capo-Spartivento,* senza che la crociera borbonica avesse potuto impedirlo, e dalla prima Calabria s'inoltrava nella seconda, fra le acclamazioni delle popolazioni, presentando così all'attonita Europa i nuovi suoi miracoli di guerra.

La rivoluzione trionfante faceva impallidire i grossi e i piccoli despoti, e i *tirannelli* di Benevento tentarono gli ultimi sforzi, contro i quali, com'era naturale, il Comitato ottò, con ogni energia ed avvedutezza.

Il Delegato Apostolico Monsignor Agnelli, incalzato dagli eventi e spronato dai soliti *consiglieri*, aveva chiesto a Roma uomini ed armi, onde prevenire, o, quanto meno, porsi in condizione di reprimere il movimento, e per meglio riuscire nello intento, aveva anche progettato di organizzare una compagnia di *sussidiarii*, reclutandoli tra la classe infima del popolo, attaccata alla polizia, col premio di ducati sei, ed avendone fatta proposta al superiore governo, ricevè dall'allora Sotto-Segretario di Stato Cardinale Antonelli, la seguente risposta:

SEGRETERIA DI STATO

N. 13591

Roma, 18 Agosto 1860

Ill.mo e Rev.mo Signore,

Riservandomi di dare più estesi riscontri ai fogli di V. S. Ill.ma, n.° 84, 87, e 94, giunti in mie mani, con ogni regolarità, credo intanto non frapporre indugio a rispondere, per ciò che riguarda i fucili necessarii all'armamento dei *sussidiarii*.

Come ogni altra cosa, così ancora per la provvista delle armi, insorge ostacolo insormontabile, per la condizione delle cose politiche del regno limitrofo.

Quindi, a supplirvi, io l'autorizzo a provvedersene costà, se ve ne sono, od a farne acquisto, quante volte codesto Comando militare non abbia come rimediare, ulteriormente, a tale mancanza.

Che se non potesse farsi neppure seguito a tale insinuazione, perchè riesce difficile trovarne di quelle, che sono in uso, potrà farne acquisto di altro modello, purchè l'armamento abbia luogo, con quella sollecitudine, ch'è nei suoi desiderii.

Con sensi di profonda stima mi confermo.

IL SEGRETARIO DI STATO

Firmato: ANTONELLI

Della S. V. Ill.ma
Monsignor Delegato Apostolico
di Benevento

Questi, dunque, erano i disegni di Monsignore Agnelli e della *Camarilla*, cioè, rafforzare la guarnigione di linea di due altre compagnie, di forza regolare l'una, e di *sussidiarii* l'altra, per essere in grado di arrestare i Capi del partito insurrezionale, e fare una seconda edizione del 15 Aprile 1848.

Fortunatamente, però, la progettata repressione fu sventata dall'accorgimento del Comitato.

I *sussidiarii* non furono organizzati, sia perchè Monsignore Agnelli non riuscì ad acquistare le armi, sia perchè il Comitato, da parte sua, non rimase inerte, e riuscì non solo a far paura ai già arruolati, quanto pure a trarre parecchi alla sua dipendenza, coll'assegno di una buona paga giornaliera.

Monsignore ed i suoi *consiglieri* concepirono, anche, un altro disegno, quello, cioè, d'impiantare la Guardia Civica, all'apparente scopo della tutela dell'ordine e della tranquillità pubblica, ma furono costretti ad abbandonarlo, avendo fatto il conto senza l'oste.

Essi miravano sempre a mettere in ceppi i capi del

pàrtito insurrezionale, ed, in ogni malaugurata contingenza, avere il braccio forte della cittadina milizia.

In fatti il Comitato ne fu informato, e richiesto del suo assentimento, dal signor Gabriele Mazzei, di Paduli,—il quale, mentre gli si mostrava aderente, faceva invece gl'interessi degli avversarii,—e dal Presidente ebbe in risposta, che l'impianto della Guardia Civica non poteva non considerarsi come una provocazione alla guerra civile, e non sarebbe stato contrastato, nel solo caso che a Comandante e ad Uffiziali fossero stati nominati quelli, che il Comitato stesso avrebbe designati.

Tale risposta fece accorti i *Camarillisti*, che non restava loro altro scampo che rassegnarsi a lasciar fare e a lasciar passare.

Intanto Monsignore, non essendo stato avvertito in tempo, dell'opposizione del Comitato, in ordine alla Guardia Civica, si era affrettato partecipare al Comandante i Gendarmi che il signor Carlo Torre era stato autorizzato ad impiantarla, ciò che rilevasi dal seguente ordine del giorno, diretto dal Comandante la Gendarmeria ai militari dipendenti.

GENDARMERIA PONTIFICIA

ORDINE DEL GIORNO DEL 24 AGOSTO 1860

Monsignore mi ha assicurato, con nota di questo stesso giorno che a S. Germano vi sono centinaia di Garibaldini, per cui vivo in agitazione pei gendarmi Varricchio e Baldini, usciti a quella volta. Informatevi della sorte di quei vostri fratelli d'arme.

Indagate pure circa l'agitazione, che regna in città, e mostrate risolutezza e coraggio.

Passo, poi, a vostra conoscenza che Monsignore ha permesso al Signor Carlo Torre di montare la Guardia Civica, dentr'oggi.

Firmato: — *Tenente Freddi*

Ma, come ho innanzi detto, la Guardia Civica, per l'opposizione del Comitato, non fu istituita, e lo stesso Carlo Torre ne dovè smettere il pensiero, prevedendone le tristi conseguenze.

Va pure segnalato un altro fatto di non poca importanza, e che contribuì a rendere del tutto impotente il governo locale, cioè, l'impedire che penetrasse in città la truppa inviata da Roma; poichè sebbene il Cardinale Antonelli, col surriportato dispaccio del 18 Agosto, avesse dichiarato di non poter soddisfare la richiesta di uomini ed armi, pure nello scorcio del detto mese, ne dispose l'invio.

In fatti due drappelli di gendarmi, in abito borghese, erano riusciti a entrare di soppiatto in città; la qual cosa, saputasi dal Comitato, consigliò ad impedire, senza indugio, che altri drappelli vi penetrassero, e fu disposto che ai confini del territorio beneventano, al luogo detto l'*Epitaffio*, fosse impiantato un posto di vigilanza, sotto il comando di un Capo-sezione del partito, con la rigorosa consegna di respingere gli altri drappelli, se ne arrivavano, sequestrandone, in pari tempo, le armi e le munizioni, ed ogni altro effetto militare.

Il provvedimento fu opportuno e utilissimo; giacchè altri drappelli, a breve intervallo, vi giunsero, e furono respinti, l'uno dopo l'altro, giusta la consegna.

Anche un carro di vestiario e di effetti militari cadde nelle mani di una pattuglia della Sezione di servizio, nella contrada *Tressanti.*

Quelli che più si distinsero nelle cennate operazioni furono i Capi-Sezione Pietro Rampone, Domenico De Simone, e Pasquale Gennerazzi.

La lotta adunque era incominciata lontana dalla città, tra il governo, che doveva cadere, e l'altro che doveva sorgere, però alla sordina; e questo fu tratto di politica astuta e adatta alle condizioni locali, affievolire, cioè, ed esautorare, giorno per giorno, il governo Delegatizio, allo scopo di evitare al paese le luttuose conseguenze di un serio conflitto con la pubblica forza, e di una sanguinosa rivoluzione.

Sicchè Monsignor Agnelli, quantunque restasse a capo della Delegazione beneventana, pure, fin d'allora, ne aveva perduto il potere, e se non n'era stato deposto, dipendeva dal non essere ancora giunto il momento, essendo stato stabilito che dovevasi tenere unità d'azione con le provincie limitrofe, come ho già detto.

Egli preso da forte panico pensava, solo, a garentire la sua persona, e tra le altre precauzioni, aveva adottata quella che, all'imbrunire, tutti i gendarmi si concentravano nel castello, punto curandosi che il paese rimanesse in balìa di sè stesso.

Sorse quindi il bisogno di provvedersi, urgentemente, dal Comitato alla sicurezza ed alla tranquillità pubblica, con un servizio di pattuglie, nelle ore della sera e della notte; e perchè meglio rispondesse allo scopo, per lo incalzare degli eventi, fu regolarizzato con la seguente ordinanza.

AI CITTADINI DI BENEVENTO

Lo scioglimento progressivo di una Commissione sostituita dall'arbitrio, son già tre anni, al Consiglio Municipale, l'im-

mobilità della forza armata, la costante ripulsa del Preside
a qualunque proposta, che venisse fatta da probissime persone,
per tutelare la vita e la proprietà, ci pongono, fra le altre
cause, nella necessità di provvedere alla pubblica sicurezza, con
la pronta formazione di una Guardia cittadina.

Essendo la salvezza pubblica suprema legge, alla quale con
ogni possibile sforzo si è adoperato e si adopera il Comitato U-
nitario di Benevento, il medesimo, in linea provvisoria, adotta
il provvedimento, reclamato dalle imperiose circostanze, di far
funzionare le Sezioni del partito, come Guardia cittadina, con
incarico, nelle ore della sera specialmente, di tutelare la tranquillità pubblica e la sicurezza interna ed esterna della città,
sotto l'usbergo della quale ogni cittadino troverà protezione e
difesa.

(*Segno del bollo*).

Il *Comitato insurrezionale*

———

Intanto mentre che Garibaldi, fidente nella sua stella,
proseguiva la marcia verso Salerno, onde presto raggiungere Napoli, il Comitato Centrale chiedeva a Benevento un
contingente d'uomini, pronti a partire, secondo i bisogni
e Benevento corrispose, anche questa volta, al desiderio
del Comitato, come narrerò appresso; ed eccone, intanto,
il dispaccio:

Comitato Unitario Nazionale

Il Comitato Unitario Nazionale dispone che in Benevento
si usi la massima prudenza, senza precipitare il movimento, dovendosi stabilire il giorno preciso dell'azione per rovesciare i

governo, tenendo cònto delle condizioni delle altre province, che debbono tenere unità d'azione, ma certo che il giorno è vicino. Codesti liberali sono ardentissimi per la causa nazionale, ma bisogna, sopra tutto, averli disciplinati.

Benevento, poi, dovrà dare un contingente di uomini a partire, secondo gli ordini, ove il bisogno lo richieda ; e quindi occorre che anche a ciò, fin da ora, codesto Comitato provveda.

Signor Presidente del Comitato
   di Benevento

(*Segno del bollo*)

———

In data 20 Agosto, un altro dispaccio partiva dal Comitato Centrale, col quale, mentre si annunciava che la Basilicata era insorta, — capi supremi Nicola Mignogna, Giacinto Albini, e Pietro Lacava, — in pari tempo, si dava l'ordine d'insorgere, e quello che più monta, senza nèanche inviare le armi promesse, come rilevasi dal seguente altro documento:

COMITATO UNITARIO NAZIONALE

al Presidente del Comitato di Benevento

Cittadini,

Ci sta sommamente a cuore il movimento, che deve compiersi costà, e fondiamo molto sul patriottismo di codesti luoghi. Frattanto le armi si aspettano, ma non sono peranco giunte. Or che fare? La Basilicata è insorta, in numerose bande, ed ha

7

riportata vittoria, comunque non del tutto fornita di armi. Adesso è d'uopo che tutte le provincie insorgano, egualmente, essendo somma la necessità, che ne incalza.

Non sapremmo, nè vorremmo imporvi, ad ogni costo, la nostra risoluzione, ma bisogna, certamente, seguire la Basilicata nell'eroico esempio. In momenti estremi, rimedii estremi.

Intanto avrete, subito, ed al più presto che si potrà, armi ed uomini, e per questi bisogna che mandiate il denaro pel viaggio.

Ripetiamo che la Basilicata è insorta, quasi senz'armi, e siamo sicuri che Benevento, superando ogni ostacolo, sarà di esempio alle altre limitrofe provincie, per la nazionale riscossa.

(Segno del bollo)

———————

In vista del surriportato dispaccio, e di altri, che crediamo superfluo pubblicare, il Comitato di Benevento dispose che fossero presi gli opportuni accordi coi Comitati di Campobasso e di Avellino; e quindi fissato il giorno dell'azione.

Il contingente militare fu organizzato con una compagnia di 102 uomini, nella maggior parte beneventani, e con gli altri inviati dal Comitato napoletano, che avevano disertato l'esercito borbonico. Questa Compagnia restò di poi aggregata al Battaglione Irpino, comandato dal signor Giuseppe De Marco, capo del Comitato della Valle-Vitulanese, cui si unirono, pure, le bande insurrezionali di Terra di Lavoro e Campobasso.

La Compagnia beneventana venne affidata al comando di Pietro Rampone, mio amatissimo germano, il quale poi, perdè, miseramente, la vita nel sanguinoso conflitto, avvenuto il 17 ottobre, presso Pettorano (Isernia), come ho già accennato, e di cui parlerò appresso, dettagliatamente.

Al battaglione furono pure uniti, e ne formarono l'avanguardia, venti soldati di linea, che avevano, con armi e bagaglio, disertato il Quartiere *S. Antonio* in Benevento, e ciò per opera, principalmente, dei fratelli Giovanni e Francesco De Cillis, e del capo-sezione Paolo Orrei, i quali fecero, in quei giorni, attiva propaganda insurrezionale coi militari della guarnigione, che riuscì utilissima.

Alle armi, ed alle munizioni aveva provveduto il Comitato, sicchè tutto era pronto per inalberare la bandiera tricolore, ch'era stata lavorata in casa dei germani Raffaele e Francesco Palmieri, fu Giovanni, dalle signore Palmieri e Biondi loro congiunte, alle quali va tributato un imperituro ricordo.

Oh! quali entusiasmi, quale ardire non suscita la donna, quando si ha a compagna nelle grandi imprese, e nei momenti di pericoli; e la donna beneventana, — piace il dirlo, — nel 1860, fu a parte del lavorìo e dei preparativi della rivoluzione, e come in altri tempi, anche in detta epoca memoranda, si mostrò risoluta, ardimentosa, capace di ogni sacrificio, pel bene e la difesa del natìo paese.

Vedremo, ora, come la temuta rivoluzione riuscì, nel modo più civile ed ordinato, a realizzare le aspirazioni dei beneventani.

Capitolo VIII.

Il 2 e 3 settembre — Il Nunzio Pontificio e la reazione — Il Governo Provvisorio e i suoi decreti — Il Delegato Apostolico lascia Benevento — Il Battaglione Irpino e la Compagnia beneventana marciano alla volta di Ariano — Deputazione del Governo Provvisorio al Dittatore Garibaldi — Adesione alla Dittatura.

L'alba del 2 settembre spuntava bella e ridente. Le Sezioni del partito, per gli ordini ricevuti la sera innanzi, fino dalle prime ore del detto giorno, trovavansi in armi, pronte ad affrontare le forze papaline, ove avessero opposto resistenza.

Gruppi di giovani, con cappelli all'italiana e con coccarde tricolori, si vedevano su e giù per le strade, ed un insolito movimento rivelava le ansie e i timori della cittadinanza.

La segreteria del Comitato lavorava con indicibile attività, ed io, pei poteri conferitimi dal Comitato Centrale, nominai gli ufficiali, e i graduati della Compagnia beneventana, la quale, al tocco, si riunì in casa del signor Domenico Mutarelli, membro del Comitato, per essere state ivi deposte le armi, segretamente.

Si era quasi sicuri di non incontrare ostacoli serii per la proclamazione del Governo Provvisorio, e di poterli ancora vincere, ma, pure, non vi si addivenne in quello stesso giorno, per essere stati, all'uopo, presi degli accordi col Capo-battaglione signor Giuseppe De Marco; e quindi fu disposto che la Compagnia si fosse acquartierata nella taverna del signor Giuseppe Buonanni, sita sul largo di *Porta Rufina.*

Ma, d'altronde, ciò bastò per determinare il movimento insurrezionale.

La Compagnia dalla casa Mutarelli, unitamente al Comitato ed ai sollevati, con la banda musicale alla testa, percorse la strada *magistrale*, e, per la piazza *Orsini*, si diresse sull'anzidetto largo, fra le entusiastiche acclamazioni a *Vittorio Emmanuele*, a *Garibaldi*, ed alla *Libertà*. Ivi accorse gran quantità di popolo, e tutti si abbandonarono ad amorevoli e patriottiche manifestazioni, che proseguirono in città, per buona parte della notte.

Infrattanto fu dato avviso al signor De Marco di marciare sopra Benevento.

L'indomani 3 settembre, —giorno d'imperitura memoria,—la popolazione, in attesa del solenne avvenimento, e rassicuratasi che non vi sarebbe stato spargimento di sangue, era tutta riversata su le principali strade.

La banda musicale allietava il paese, e suscitava l'entusiasmo al suono dell'inno magico — « *Si scovron le tombe, si levano i morti* » — e Benevento aveva ragione ad esultare, giacchè sorgeva a novella vita, se non all'antico splendore.

In quel mentre, per gli alti poteri politici e militari,

di cui io era fornito, vestito della camicia rossa, da solo, mi presentai al Comandante la piazza, e palesandogli la presa determinazione del Comitato, di proclamare un Governo Provvisorio, lo richiesi dei suoi intendimenti, facendogli, in pari tempo, comprendere l'impossibilità della resistenza contro un popolo in armi; e quell'uffiziale si mostrò arrendevole, con riserva, però, degli ordini di Monsignor Delegato.

Ed io, senza porre tempo in mezzo, lo invitai a recarsi meco da Monsignore, alla quale stringente proposta non seppe opporsi; ed uscimmo.

Percorrendo la strada *magistrale*, c'imbattemmo col Tenente comandante la gendarmeria, il quale informato di quanto avveniva, si unì a noi, e giunti al palazzo delegatizio fummo ricevuti dal detto Prelato, ed io annunciandomi quale commissario di Garibaldi, senz'altro, gli dichiarai che, da quel momento, andava a cessare il governo pontificio nel beneventano, ed egli rimaneva destituito di ogni potere ed attribuzione.

Monsignor Delegato, in sulle prime, si mostrò sconcertato, e quasi deciso a resistere, ma meglio riflettendo, e non vedendosi appoggiato dalle Autorità militari, là presenti, si limitò a protestare. Invitato, poi, cortesemente, a dire quando intendeva lasciare il palazzo governativo, rispose « fra due ore »; ed infatto, nel pomeriggio, si ritirò in casa del marchese De Simone.

Intanto, gran folla di popolo mi attendeva presso il castello, e vedendomi comparire, all'agitare che feci del cappello, comprese che ogni resistenza era svanita, e le grida entusiastiche di *viva Vittorio Emanuele, viva Garibaldi*, si raddoppiarono, si ripeterono, in modo indescrivibile, e ben tosto si abbassarono gli stemmi pontificii, in-

nalzandosi quelli di Casa Savoia, ch' erano già stati ap-
prestati.

Le due compagnie di truppa di linea, e i gendarmi
di guarnigione, nel numero di trenta circa, deposero le
armi, senza però fraternizzare col popolo.

Il governo dei Papi finiva così, in questa città, dopo
oltre otto secoli di assoluto dominio, mercè la rivoluzione
unitaria nazionale, compiuta da pochi e ardimentosi suoi
figli, e non dalla gente venuta di fuori col Signor Giuseppe De Marco, come, bugiardamente, si scrisse dai *noti
detrattori* del partito democratico di Benevento.

Verso il mezzodì, poi, arrivava dalla contrada *calore*
il Battaglione comandato dal De Marco, di cui ho innanzi
fatto cenno, accolto festosamente dalla popolazione e dalle
Sezioni armate, e andò ad acquartierarsi nel collegio dei
Gesuiti.

Nelle ore pomeridiane dello stesso giorno, tutte le forze insurrezionali, riunitesi sulla piazza *Orsini*, decisero la
formale proclamazione del Governo Provvisorio, che fu
composto colle stesse persone del Comitato insurrezionale,
il quale, pei riguardi dovuti ad esso Maggiore De Marco,
incluse anche il suo nome fra i commissarii del detto governo. Indi, dalla loggia del palazzo comunale, ne fu formalmente annunciata dal Presidente la istallazione, e tutti
prestarono giuramento, incrociando le spade, a difesa della
unità e della libertà della patria; in seguito di che il popolo, contento dell'opera sua, si diradò fra le ripetute acclamazioni *alla Libertà ed al Governo Provvisorio*.

Nello stesso tempo si affisse, per le mura della città, il
seguente decreto:

IN NOME

DI **VITTORIO EMANUELE**

RE D'ITALIA

DITTATORE **GIUSEPPE GARIBALDI**

GOVERNO PROVVISORIO

DELLA PROVINCIA DI BENEVENTO

Le forze insurrezionali beneventane hanno dichiarato decaduto il Governo Pontificio, ed hanno costituito un Governo Provvisorio, colle persone dei cittadini:

Rampone Salvatore — Presidente
Mutarelli Domenico — Membro
Vessichelli Nicola   »
De Marco Giuseppe   »
Collenea Gennaro   »
De Simone Giovanni   »
Rispoli Francesco — Segretario

Benevento, 3 Settembre 1860.

———

Quest'atto chiudeva il movimento insurrezionale, e la tanto temuta crisi politica, senza l'eccidio ed il saccheggio profetato dalla *Camarilla*, ma invece con i concerti musicali, con le luminarie e le fraterne strette di mano, e col perdono generoso ai Caìni del 1848, e del 1860, e, ciò che più monta, con la proclamazione di Benevento a capoluogo di provincia.

« *E questo fia suggel, che ogni uomo sganni* ».

Prima di passare oltre, è doveroso ricordare i nomi dei Capi Sezione del partito insurrezionale, perchè la loro opera contribuì, potentemente, a raggiungere l'intento della rivoluzione, ed a mantenere l'ordine nei momenti difficili, di cui si è fatto parola.

Capi-Sezione di Benevento

Babuscio Francesco

Calandrelli Sigismondo

Campanella Tommaso

Capilongo Francesco

De Simone Domenico

Ferrara Alessandro

Generazzi Pasquale

Generazzi Raffaele

Lamparelli Antonio

Lamparelli Raffaele

Marotti Salvatore

Marotti Luigi

Orrei Paolo

Palmieri Francesco

Petrella Pier-Felice

Rampone Pietro

Ricci Domenico

Rispoli Francesco

Russo Raffaele

Troise Pasquale

Zanchelli Giambattista

Zoppoli Antonio.

Dei suddetti Capi-Sezione cinque soli sono ancora in vita, cioè: Babuscio, Campanella, De Simone e Generazzi Raffaele, mentre tutti gli altri sono trapassati, e parte di essi tra le angustie e la miseria.

Il solito guiderdone serbato a chi ha servito la Patria, ed ha amato la Libertà!

Capi-Sezione di S. Leucio

De Longis Giambattista
Pepiciello Agostino

Varricchio Felice
De Longis Beniamino
Iannace Michelangelo.

Capi-Sezione di S. Angelo a Cupolo

Santucci Pellegrino
Del Ninno Alfonso
Del Ninno Ludovico.

Va pure ricordato il nome del signor Giuseppe Cifaldi, morto ancor giovane, il quale, pur non essendo un
capo-sezione, rese, egualmente, importanti e rischiosi servigi al Comitato insurrezionale; ed io rendo alla sua memoria le dovute lodi.

Intanto la *Camarilla* non si dava ancora per vinta, e
di accordo sempre con Monsignore Delegato , tentò , a
mezzo del Nunzio del Papa, avere dal re di Napoli un numero di soldati, per schiacciare il movimento in Benevento,
to, come appunto narrò il Dumas nelle *Memorie di Garibaldi*, alla pagina 719, capitolo XXV, nei seguenti precisi
termini.

« Addì 3 settembre, di mattina, il Nunzio del Papa, uno dei
principali motori della reazione, aizzato da alcuni arrivati da
Benevento, da parte di Monsignor Delegato, venivagli ad annunziare che ivi eranvi dei torbidi, per il che chiedeva soldati
per sedarli.

Liborio Romano si pose a ridere. — Monsignore, dissegli, a
quest'ora i nostri soldati non vogliono più battersi per noi, temo, quindi, moltissimo, che non battendosi per noi, si battano
pel Papa.

— Ma allora, ripigliò il Nunzio, che farà Sua Santità ?

— Sua Santità farà ciò, che fece re Francesco II: si rassegnerà a perdere il potere temporale sopra Benevento, eppoi rimarrà a lui la più bella eredità del Papato, — il potere spirituale.

— È questa la vostra risposta?

— Letteralmente.

— In tale critica circostanza, che cosa mi resta a fare?

— Una sola cosa.

— Quale?

— Di benedire tre individui, cioè Vittorio Emanuele, Garibaldi e il vostro servo.

Il Nunzio andò su tutte le furie, borbottando delle parole, che, al certo, non erano delle benedizioni; e andò via. »

Il movimento insurrezionale di Benevento, e l'istallazione del Governo Provvisorio, avvenuta nel 3 settembre, affrettarono la marcia del Generale Garibaldi verso Salerno, dove giunse il giorno sei; ciò che poi decise la partenza di re Francesco da Napoli, il quale s'imbarcò, lo stesso giorno, per Gaeta sul piroscafo francese la *Mouette*, in seguito alla notizia, datagli dal ministro Liborio Romano, che, cioè, la *rivoluzione era alle porte di Napoli*.

« E dove? chiese il re.

« A Benevento e a Salerno, rispose il Ministro.

Ciò fu narrato dallo stesso Ministro al Generale Avezzana, il quale, in diverse occasioni, ebbe a lodare il movimento beneventano, per avere contribuito alla ritirata del Borbone a Gaeta.

Frattanto il Governo Provvisorio, senz'arrestarsi agli ottenuti successi, e senz'intimorirsi della incalzante reazione, si occupò, immantinenti, dell'amministrazione della città, e dei comuni dell'antica delegazione pontificia, adottando gli opportuni e necessarii provvedimenti, tra i quali, i più importanti furono per la Rappresentanza Comunale, — per gl'Impiegati governativi, — pel Consiglio

di governo, — per l'abolizione del Tribunale ecclesiastico,
— per l'abolizione della tassa sul macinato, e di altre
tasse comunitative—per l'istallazione della Guardia Nazionale, — per la intestazione, e registrazione degli atti pubblici, e per le ipoteche.

Non pochi altri provvedimenti amministrativi e politici furono emessi, ed il lettore può facilmente immaginare
quali e quanti ne fossero occorsi in quei momenti difficili ed eccezionali, e nei primordii di un nuovo governo.

Ciò che poi va specialmente ricordato, perchè formò
il primo pensiero del Governo Provvisorio, è l'avere affidato l'incarico al geometra signor Francesco Mozzilli, di
elevare una pianta topografica per la circoscrizione della
nuova provincia di Benevento; ed il Mozzilli, uomo intelligente e sinceramente liberale, l'approntò con sollecitudine
ed esattezza.

Qui giova, pure, far notare che l'attuale circoscrizione
non è quella progettata dal Governo Provvisorio, e proposta al Dittatore Garibaldi, giacchè il governatore Torre,
succeduto al Governo Provvisorio, ne propose e fece de-
cretare un'altra, ch'è quella, che ora costituisce la provincia, e che, in vero, è generalmente riconosciuta irre-
golare, e non rispondente ai bisogni dei comuni aggregati ed agl'interessi generali della provincia, tanto dal
lato amministrativo, quanto economico; ed in seguito ne
sarà dato l'elenco.

In prova di ciò, basta dire che, nella circoscrizione
progettata dal Governo Provvisorio, era incluso Ariano,
come capoluogo di circondario, ed altri comuni, delimitati
con giusti criterii, mentre, invece, nell'attuale circoscrizione
trovasi S. Bartolomeo in Galdo, come capoluogo di circondario, che resta al confine con la Capitanata, al di là del

Fortore, e la cui aggregazione a questo capoluogo ed al resto della provincia, costò dei milioni di lire, e troppo disguido amministrativo, che ancora perdura.

Ecco, intanto, i succennati decreti del Governo Provvisorio.

———

Per gl'impiegati governativi.

In nome di VITTORIO EMANUELE

Re d'Italia

dittatore GIUSEPPE GARIBALDI

Il Governo Provvisorio della Provincia di Benevento

DECRETA

Tutti gl'impiegati, eccetto quelli della cessata delegazione, e del suo ufficio di polizia, proseguiranno, provvisoriamente, nell'esercizio delle loro funzioni, colle norme delle leggi esistenti, che pure rimangono, provvisoriamente, conservate.

Benevento, 4 settembre 1860.

Firmati: Il Presidente — S. RAMPONE

I MEMBRI
D. Mutarelli
N. Vessichelli
G. De Marco
G. Collenea
G. De Simone

Il Segretario Generale *F. Rispoli*

Per l'intestazione degli atti civili.

IN NOME DI VITTORIO EMANUELE

. . . .

Il Governo Provvisorio

DECRETA

Art. 1. Tutti gli atti da oggi saranno intestati, come segue:

In nome

di VITTORIO EMANUELE

Re d'Italia

Dittatore Giuseppe Garibaldi

Provincia di Benevento

Art. 2. Le copie degli atti anteriori non potranno rilasciarsi dai pubblici impiegati e funzionarii, senza la detta intestazione.

Art. 3. I trasgressori saranno sottoposti alla multa di ducati dieci, ed alla sospensione dall'ufficio, per un mese.

Benevento, 4 settembre 1860.

(Seguono le firme)

————————

Pel Consiglio di Governo.

IN NOME DI VITTORIO EMANUELE

. . . .

Il Governo Provvisorio

DECRETA

1. È istituito un Consiglio di Governo, con voto consultivo, e con le norme, che saranno con altro decreto designate.

2. Sono nominati Consiglieri i signori Bosco-Lucarelli Giovanni — Mosti Raffaele — Mozzilli Francesco — Palmieri Raffaele — De Rosa Pietro — De Simone Giuseppe — Torre Carlo — Tomaselli Luigi — Ventura Domenico — Zoppoli Antonio.

Benevento, 4 settembre 1860.

(*Seguono le firme*)

Per la Rappresentanza Comunale.

IN NOME DI VITTORIO EMANUELE

. . . .

Il Governo Provvisorio della Provincia di Benevento

Considerando che questa cospicua città trovasi, da tre anni, senza una regolare Rappresentanza ed amministrazione, alla quale, dal cessato governo fu sostituita una illegale Commissione di pochi individui, i quali si mostrarono sempre pronti ad eseguire i comandi dell'arbitrio proconsolare, ed essendosi progressivamente sciolta la detta Commissione.

Considerando che urgente è il ristabilimento della Rappresentanza Municipale, onde provvedere, prontamente e regolarmente, ai relativi incumbenti.

DECRETA

1. Sarà formato un Consiglio municipale di sedici cittadini col nome di Decurionato, colle persone dei signori Bessogni avvocato Carlo — Collenea Raffaele — Capilongo avvocato Paolo — De Caro avvocato Raffaele — Guardiano Raffaele — Isernia Biagio — Manciotti avvocato Giuseppe — Pellegrini Carlo — Rossi dottore Angelantonio — Rampone Pietro — Schinosi dottore Francesco — Zazo dottore Francesco-Saverio — Ventura Giacomo.

2. Il detto Consiglio, fra il termine di due giorni, o a maggioranza di voti segreti, sceglierà, tra i suoi componenti, il Sindaco, il Primo Eletto, e il Secondo Eletto, che verranno proposti all'approvazione del Governo.

3. Sino a che il Consiglio non entrerà nell'esercizio delle sue funzioni, il Segretario Comunale, alla dipendenza del Segretario Generale del Governo provvisorio, rimane incaricato, interinalmente, del disimpegno degli affari correnti.

Benevento, 6 settembre 1860.

(Seguono le firme)

Per l'abolizione della tassa sul macinato, e delle altre comunitative.

IN NOME DI VITTORIO EMANUELE

. . . .

. . . .

Il Governo Provvisorio

Considerando che la tassa fiscale sul macinato fu il colpo decisivo, che il caduto governo pontificio diede al commercio dei grani e delle farine, unica risorsa di questa città, che, da quel tempo, divenne squallida e misera.

Considerando che i dazii comunitativi sulle farine di pubblico consumo, sull'oglio, pesce fresco e salato, e sul formaggio. e l'altro sullo scannaggio degli animali pecorini e caprini colpiscono, più direttamente, le classi povere e meno agiate.

Considerando che le privative sono d'intralcio al commercio e al pubblico benessere.

DECRETA

Art. 1. È soppressa la tassa fiscale sul macinato.

Art. 2. I dazii comunitativi sulle farine, sull'oglio, sul formaggio, sul pesce fresco e salato, e sullo scannaggio dei soli animali caprini e pecorini, di cui nel capitolato municipale, sono pure soppressi.

Art. 3. La privativa resta ancora abolita.

Benevento, 5 settembre 1860.

(Seguono le firme)

8

Per l'abolizione del Tribunale Ecclesiastico.

In nome di VITTORIO EMANUELE

Il Governo Provvisorio

DECRETA

Art. 1. Rimane abolita la giurisdizione civile e criminale del Tribunale Ecclesiastico.

Art. 2. Le cause pendenti avanti il medesimo saranno, immediatamente, rimesse avanti i Giudici e Tribunali competenti per essere giudicate.

Art. 3. I processi delle cause, anteriormente discusse, saranno del pari rimessi.

Benevento, 5 settembre 1860.

FIRMATI: Il Presidente *S. Rampone*
D. Mutarelli
N. Vessichelli

Il Segretario Generale *F. Rispoli.*

———

Il presente decreto e quelli, che seguono, portano le firme di tre soli componenti il predetto Governo, perchè gli altri tre si dichiararono dimissionarii, in seguito alle mene dalla *Camarilla*, la quale sapeva che, per meglio riuscire nel suo intento, doveva porre in opera il noto adagio « *divide et impera* » come appunto fece.

Per l'istallazione della Guardia Nazionale.

IN NOME DI VITTORIO EMMANUELE

. . . .

Il Governo Provvisorio

DECRETA

Art. 1. È istituita una Guardia Nazionale, cui è affidata la tutela della vita, dell'onore, e della proprietà dei cittadini.

Art. 2. Faranno parte della medesima tutt'i cittadini dell'età dai 18 anni ai 60, rimanendone esclusi i condannati per delitti infamanti, o che esercitano mestieri sordidi e abbietti, ed esonerati dal servizio i giornalieri ed i braccianti.

Benevento, 8 settembre 1860.

(*Seguono le firme*)

———

Il Governo della Dittatura aveva aperto in Napoli un arruolamento di milizie regolari, ed il Governo Provvisorio di Benevento, onde vièmeglio concorrere a rafforzare le schiere garibaldine, diresse ai concittadini il seguente proclama:

Beneventani,

La patria comune — l'Italia — abbisogna delle vostre braccia per combattere i suoi nemici.

Il Dittatore Generale Garibaldi vi condurrà sui campi di battaglia, ove ne sia d'uopo.

Quale fra i giovani atti alle armi sarà restio a così santo invito, e non vorrà seguire un tanto Capitano?

A raggiungere questo scopo è aperto, fin da oggi, in una delle stanze terrene del palazzo comunale, un ruolo per le milizie regolari.

Le condizioni saranno rese ostensive dall'arruolatore.

Correte quindi volentierosi ad iscrivervi, e ricordatevi che sarete soldati italiani, cioè patrioti e liberi, e non già vili istrumenti del capriccio e della tirannide.

Benevento, 14 settembre 1860.

(*Seguono le firme*)

——————

Per la registrazione degli atti, e le ipoteche.

IN NOME DI VITTORIO EMANUELE

·   ·   ·   ·   ·   ·   ·   ·   ·   ·   ·   ·

Il Governo Provvisorio

Considerando che se il registro e le ipoteche, dall'un canto mirano alla legalità ed alla sicurezza dei possidenti, riescono dall'altro d'intralcio alle contrattazioni ed ai giudizii, per le enormi tasse, cui il cessato governo assoggettava tali formalità.

Considerando che non potendosi formare, per ora, un nuovo sistema di registrazione, ma solo facilitare, con una diminuzione di tasse, l'andamento degli affari.

DECRETA

Art. 1. Restano soggetti alla registrazione tutti quegli atti e contratti, che lo erano sotto le passate leggi, ma dovendosi avere di mira l'assieme dell'atto e contratto, e non già le diverse disposizioni, che possono contenere.

Art. 2. Le tasse sono come appresso.

Tutti gli atti pubblici, sì tra vivi, che di ultima volontà, non ostante contengano più disposizioni e contratti — grana 80.

Sono permessi i brevetti pei contratti, che non eccedano il valore di ducati cento, con la tassa di grana 20.

Tutti gli atti privati sono soggetti alla tassa di grana 20.

Gli atti giudiziali, registrabili, lo saranno con le seguenti tasse:

Sentenze definitive in 1.º grado del valore di ducati cento in poi, solamente registrabili — grana 50.

Sentenze interlocutorie, quando se ne prenderà la spedizione — grana 25.

In 2.º grado raddoppierà la detta tassa.

Tutte le dichiarazioni registrabili, lo saranno indistintamente. tanto in 1.º, quanto in 2.º grado. colla tassa di grana 20.

Il diritto di archivio da pagarsi per gli atti pubblici, d'ora in poi, sarà di grana 10.

Art. 3. Le rinnovazioni ipotecarie potranno ancora farsi utilmente entro l'anno, dal giorno della scadenza.

Art. 4. Qualunque interpetrazione della presente ordinanza dovrà dagli impiegati farsi sempre a favore delle parti esibenti.

Benevento 14 settembre 1860.

(Seguono le firme)

Questi erano i criterii, questi i principii, cui s'ispiravano gli uomini della rivoluzione, ed il Governo Provvisorio del 1860.

Quanta differenza, quale contrasto coi principii, che informano le leggi finanziarie, che sono ora in vigore, e con le innumerevoli tasse e l'insano fiscalismo, che dissanguano il popolo.

E bisogna pur dirlo, non sono stati i liberali, i rivoluzionari del 1860, che hanno portato tanto dissesto, tante angustie, bensì i reazionarii venuti, dopo, al potere, i quali, con la maschera di uomini d'ordine, demoralizzarono e spogliarono l'Italia.

Intanto contro il patriottismo e il disinteresse del Governo provvisorio, sorgeva, com'era naturale, la coalizione degli affaristi e degli ambiziosi reazionarii, guidati dalla *vecchia Camarilla*; cosicchè una guerra bassa e sorda facevasi contro il Governo provvisorio per atterrarlo, e l'opera iniqua riuscì a meraviglia, giacchè, giorno per giorno, gli si fece un vuoto d'intorno.

Gl'impiegati civili, ad eccezione di pochi, si dimisero dalle loro cariche. La truppa di linea e di gendarmeria preferì ritornare a Roma, senz'accettare gli offerti vantaggi del Governo provvisorio nazionale.

La più parte dei nominati Consiglieri di governo rifiutarono l'onorifico incarico, adducendo a ragione del rifiuto, che ad essi spettava il voto deliberativo, e non consultivo, com'era stato loro deferito.

Strana pretesa davvero, che rivelava i segreti intendimenti dei *Camarillisti*, di sopraffare il Governo provvisorio; e per dargli, poi, un colpo decisivo, questi *Girella* seminarono la discordia tra gli stessi Membri del Governo, ed i capi del partito, in seguito di che i signori Giuseppe De Marco, Gennaro Collenea, ed il Marchese De Simone si dimisero da componenti il detto Governo, come si è innanzi accennato, e si verificarono, pure, delle diserzioni nelle file del partito, le quali cose stimo opportuno mettere in tacere.

Ciò non pertanto la rabbiosa provocazione era alquanto infrenata dalla longanimità, di chi era a capo del Governo, sebbene la si poteva del tutto annientare colla forza e col terrore, che non furono punto adoperati.

E questo fu un grave errore, commesso dagli uomini della rivoluzione, tanto in Benevento, quanto in altre città del regno, che condusse poi alla reazione, e quindi alla creazione della famosa *consorteria*, che gittò il seme della discordia, da per ogni dove, ed arrecò insanabili piaghe alla Penisola.

Infrattanto Monsignor Agnelli, visto che il Governo Provvisorio si reggeva, ordinatamente, e che niente più gli restava a sperare, chiese di liberamente partire alla volta di Roma; ciò che non gli fu punto vietato, e nel giorno 5 settembre lasciò Benevento, ricevendo l'onore delle armi, nel passare sul ponte di *S. Maria della Libera*.

Anche il Battaglione Irpino, che qui si era soffermato tre giorni, nel mattino del 7 detto mese, staccò la sua marcia per Paduli, onde raggiungere Ariano, — e n'era tempo, — giacchè, per la prolungata sosta, si aveva già a deplorare il disastro toccato ad alcune bande insurrezionali, ivi concentrate, giusta gli accordi presi col Comitato di Avellino, le quali, trovandosi esposte alle minacce del partito borbonico, e non vedendo giungere il suddetto Battaglione, abbandonarono Ariano, ma nella ritirata furono attaccate dalle imboscate, e trenta fra ufficiali e soldati rimasero uccisi, tra i quali i distinti patrioti, fratelli Miele, di Andretta.

La Compagnia beneventana, composta di 102 uomini formava la testa del battaglione, e i venti soldati di linea, che avevano disertato il Quartiere *S. Antonio*, ne formavano l'avanguardia.

L'apparizione della detta Compagnia, avvenuta in città il 2 settembre, essendo stato l'inizio della rivoluzione, ed avendo non poco contribuito alla buona riuscita, è dovere di ricordare i nomi di tanti bravi giovani concittadini, che la componevano, ad eccezione di qualche intruso, e dei pochi venuti da fuori, in parte disertori dell'esercito borbonico.

Eccone, intanto, l'elenco nominativo:

1. Capitano comandante Rampone Pietro, da Benevento
2. Capitano commissario Isernia Domenico,   id.
3. Primo Tenente Chielfi Antonio   da Napoli
4. Secondo Tenente Limata Ludovico   da Benevento
5. Porta Bandiera Varricchio Felice   da S. Leucio
6. Primo Sergente Rocco Giovanni   da Napoli
7.   »   »   Moro Tommaso   id.
8. Secondo Sergente De Luca Nicola   da Idrano
9.   »   »   Perugi Lucio   da Napoli
10.   »   »   Salvo Gabriele   id.
11.   »   »   Mainella Vincenzo   da Benevento
12.   »   »   Bellarosa Antonio   id.
13.   »   »   Perillo Vincenzo   id.
14. Furiere   Coppola Raffaele   id.
15. Caporali   De Angelis Pietro   da Palermo
16.   »   Altieri Giuseppe   da Benevento
17.   »   De Rosa Pellegrino   id.
18.   »   Anzovino Giuseppe   id.
19.   »   Conte Salvatore   id.
20.   »   Villani Pietro   da Napoli
21.   »   Savarese Vincenzo   id.
22.   »   Tabacchini Luigi   id.
23.   »   Mevola Gaetano   id.
24.   »   La Manna Luigi   id.

25.	Caporali	Quattrocchi Francesco	da Catanzaro
26.	»	Rotoli Giuseppe	da Palermo
27.	Soldati	Salzano Francesco	da Benevento
28.	»	D'Alessandro Errico	id.
29.	»	Notario Carmine	id.
30.	»	Mucci Giuseppe	id.
31.	»	Giordano Luigi	id.
32.	»	Sannini Giovanni	id.
33.	»	Rizzo Michele	id.
34.	»	Genovese Antonio	id.
35.	»	Franzese Raffaele	id.
36.	»	Iannace Giovanni	id.
37.	»	Cavuoto Giacomo	id.
38.	»	Ricciardi Luigi	id.
39.	»	Troia Saverio	id.
40.	»	Fiorentino Pasquale	id.
41.	»	Cotugno Francesco	id.
42.	»	De Costanzo Ildebrando	id.
43.	»	Penna Giovanni	id.
44.	»	Ragazzone Salvatore	id.
45.	»	Collarile Antonio	id.
46.	»	Iampaglia Nicola	id.
47.	»	Ponza Gennaro	id.
48.	»	De Luca Giuseppe	id.
49.	»	Botti Lorenzo	id.
50.	»	Branca Francesco	id.
51.	»	Follo Nicola	id.
52.	»	Ricci Giuseppe	id.
53.	»	Romano Antonio	id.
54.	»	Pirozzi Antonio	id.
55.	»	Calandro Federico	id.
56.	»	Farese Giustino	id.
57.	»	Franzese Michele	id.

58.	Soldati	Furolaro Pellegrino	da Benevento
59.	»	Ievolella Nunzio	id.
60.	»	De Iuliis Errico	id.
61.	»	Maglione Antonio	id.
62.	»	Calandro Federico	id.
63.	»	Gagliardi Patrizio	id.
64.	»	Gagliardi Alfonso	id.
65.	»	Cardone Saverio	id.
66.	»	Evangelista Angelo	id.
67.	»	Pastore Felice	id.
68.	»	Bocchino Raffaele	id.
69.	»	Mannato Raffaele	id.
70.	»	Cenicola Angelo	id.
71.	»	Rummo Luigi	id.
72.	»	Putignano Salvatore	id.
73.	»	Petti Angelo	id.
74.	»	Galasso Domenico	id.
75.	»	Viglione Angelo	id.
76.	»	De Cicco Raffaele	id.
77.	»	Trevisonno Luigi	id.
78.	»	Del Vecchio Giuseppe	id.
79.	»	Stefanelli Celestino	id.
80.	»	Francesca Emilio	id.
81.	»	De Peppe Carlo	id.
82.	»	Tagliaferri Dionisio	id.
83.	»	Palombi Luigi	id.
84.	»	Russo Francesco	id.
85.	»	Furno Alessandro	da S. Leucio
86.	»	Ozzella Pietro	S. Angelo a.C.
87.	»	Sommella Pasquale	da Napoli
88.	»	Venezia Generoso	id.
89.	»	Ricca Raffaele	id.
90.	»	Lopez Santo	id.

91. Soldati	Mollo Raffaele	da Napoli
92. »	Mirabella Filippo	id.
93. »	Longo Vincenzo	id.
94. »	Giordano Luigi	id.
95. »	Manfredonia Vincenzo	id.
96. »	Colesanto Pasquale	id.
97. »	Tulimiero Luigi	id.
98. »	Briganti Antonio	id.
99. »	Mirabella Filippo	id.
100. »	Acquasanta Eustachio	id.
101. »	Calandro Agostino	id.
102. »	Profeta Ludovico	da Chieti

È poi degno di speciale ricordo il concittadino Tenente Ludovico Limata, il quale giunto assieme alla Compagnia ad Ariano, fu ivi preso da fiera malattia, di cui, in pochi giorni, restò vittima—a 21 anni,—addoloratissimo di doverla perdere in quel modo, anziché combattendo per la causa italiana, per la quale aveva prese le armi.

· Il Battaglione Irpino e la cittadinanza arianese commossi per la triste sorte, toccata al Limata, gli resero solenni onoranze funebri.

Un tale ricordo varrà poi a rettificare la erronea notizia data dall'Isernia nella precitata sua istoria, che, cioè, il Limata era perito presso il Matese, trucidato, assieme ad altri ventisette garibaldini, dai villani reazionarii e dalle donne fanatizzate. (sic!)

Ma non sappiamo comprendere come l'Isernia, parlando degli uomini e delle cose del suo paese, abbia potuto prendere tanti granciporri?!

Tutti sanno, poi, che nel giorno 7 settembre, Garibaldi seguìto da quattro suoi fidi e valorosi ufficiali—Cosenz,

Bixio , Türr e Sirtori,—penetrò in Napoli , ed in carrozza percorse le principali strade, fra le frenetiche acclamazioni di tutto un popolo, come al suo redentore.

Il prestigio del suo nome, la meravigliosa accoglienza fattagli, fecero abbassare le bandiere borboniche, e, nella sera , sul più temuto dei forti — *S. Elmo* — sventolava la bandiera italiana.

Quanti prodigii ! Quanto entusiasmo !

Il Governo provvisorio, informato dell'entrata in Napoli del Generale Garibaldi, si affrettò inviargli una Deputazione per fare atto di adesione alla sua Dittatura; ed in fatti, nel mattino del 9 , la Deputazione, composta da chi scrive e dal membro del detto Governo, signor Nicola Vessichelli, partì a quella volta, ed ivi giunta fu tosto ricevuta dal Dittatore, al quale fu presentato, tra gli altri atti doverosi, il seguente indirizzo:

Generale Dittatore,

A Voi, che sempre combatteste per la Libertà, e la Indipendenza dei popoli, con tale abnegazione, da rendervi maggiore degli eroi di Plutarco, si rivolgono i Cittadini di Benevento, che, sotto la vostra Dittatura, fin dal giorno 3 di questo mese, proclamarono nella loro provincia la sovranità di Vittorio Emmanuele re d'Italia.

A Voi , che siete il braccio di quel Re desiderato , da tre secoli, dal Macchiavelli, si rivolgono fidenti, e nel silenzio aspettano il compimento dei loro voti.

Mancipii fin ora dei clericali, con unanime slancio cercarono l'attuazione di un concetto, dai nostri nemici tenuto per folle e inattuabile, solo perchè non speravano che fossero per sorgere al mondo due cuori magnanimi, — quelli di Vittorio Emanuele e di Garibaldi.

Ma ora che queste catene sono infrante, e ogni redento si

rivolge al suo redentore per offrirgli la vita e gli averi in so-
stegno del nuovo libero regime, abbiatevi da parte di Benevento
un'eguale, interminabile profferta.

Voi siete l'interpetre presso il nuovo Re, ditegli che i figli
di questa sua provincia, mercè i loro Rappresentanti, hanno giu-
rato di spendere fino all'ultimo l'obolo loro, e di spargere tutto
il loro sangue per la Patria , al grido di *viva la Indipendenza
d'Italia — viva Vittorio Emanuele e il Dittatore Garibaldi.*

Indi la Deputazione gli espose le giuste aspirazioni
dei beneventani, quelle, cioè, di vedere elevata Benevento
a capitale di provincia napoletana, come appunto era stato
convenuto col Comitato Centrale Nazionale, ed a tale intento gli presentò il progetto con la pianta topografica
della nuova circoscrizione, innanzi notata.

Il Dittatore si mostrò compiaciutissimo per quanto la
Deputazione gli aveva esposto, e promise di provvedere
per la nuova circoscrizione provinciale, di cui ritenne il
progetto e la pianta topografica, come in effetti compì la
promessa col decreto, emesso, a firma del suo prodittatore
Giorgio Pallavicini, in data 25 ottobre, col quale l'antico
Ducato di Benevento fu dichiarato provincia del regno italiano, e Benevento capitale di essa, decreto, che sarà appresso, integralmente, riportato.

Il Dittatore voleva far subito cessare il provvisorio
governo, nominando il governatore, ed all'oggetto fece
chiamare il Segretario Generale Agostino Bertani, ma
l'altro componente la Deputazione—il Sig. Vessichelli—pre-
vedendo che la nomina sarebbe stata fatta in persona del
Presidente del governo provvisorio; ciò che frustrava i
suoi ambiziosi disegni, quasi interrompendo gli ordini, che
Garibaldi stava per dare al Bertani , disse « ch'era più
opportuno sospendere la nomina, e permettere che da Be-

nevento gli fosse stata proposta, dopo di avere scanda-
gliata la pubblica opinione ». Il Generale se ne accontentò,
ed io, non essendo guidato d' alcuna ambizione, e personale interesse, lasciai passare la furbesca trovata del Vessichelli; ciò che fu un grave errore a danno del partito.

Prima di accomiatarci dal Dittatore, lo stesso mi e-
spresse il desiderio, che avessi accompagnato il generale
Türr ad Avellino, ove dovevasi recare per reprimere la
reazione borbonica, scoppiata a Montemiletto, e ad altri
paesi limitrofi,—desiderio ch'essendo per me un ordine formale e gradito,—nelle ore pomeridiane dello stesso giorno
partii da Napoli per Nola, in ferrovia con Türr, e di là in
carrozza giungemmo al levare del nuovo sole ad A-
vellino, dopo una breve sosta a Mugnano. Un'ora dopo, a
marcia forzata, ci raggiunse un battaglione garibaldino.

Fu subito istallato il governo provvisorio, di accordo
col Comitato, ch'era composto, tra gli altri, dallo Scolopio
P. Nitti, dall' avvocato Oronzo Leo, e dal colonnello De
Conciliis, e quest'ultimo fu nominato Commissario straordinario con alti poteri civili e militari.

Il Generale Türr, dopo il mezzogiorno, marciò colle
forze garibaldine alla volta dei paesi insorti, ed io, avendo compiuta la missione affidatami , rifacendo la strada
per Nola, ritornai a Napoli, e di là a Benevento, dove il
dovere mi chiamava, perchè prevedeva che la concordia
e la pubblica tranquillità, con tanti sacrifizii mantenuta,
da un momento all'altro poteva essere seriamente turbata,
a causa delle continue provocazioni dei *camarillisti*, come
infatti avvenne, e come sarà narrato nel seguente capitolo.

CAPITOLO IX.

Nomina del Governatore Torre — Agitazione e disordini — Il Commissario Straordinario Colonnello Bentivenga — La legge stataria, perquisizioni ed arresti — Il Padre Pantalèo e il Cardinale — La Commissione d'inchiesta — L'arrivo ed il governo del Torre — La Compagnia beneventana nel conflitto a Pettorano (Isernia).

Sparsasi la notizia che dal Governo Provvisorio doveva partire la proposta per la nomina del governatore, giusta gli accordi presi col Dittatore Generale Garibaldi, la *Camarilla* e i suoi partigiani, che, fino allora, si erano tenuti in un'apparente indifferenza e riserbo, incominciarono ad agitarsi, e ad agire apertamente, per afferrare il potere, e, come di conseguenza, il partito del Governo tenne loro fronte; cosicché da entrambe le parti si promossero indirizzi e sottoscrizioni, pel Conte Carlo Torre le une, e pel Presidente del Governo Provvisorio le altre.

Ma l'agitazione, e la prepotenza dei *camarillisti* andò

oltre. Alcuni del Decurionato (Consiglio Comunale) costituironsi in Commissione, e, pigliando a pretesto di doversi recare dal Dittatore per ringraziarlo del dono fatto alla Guardia Nazionale di 300 fucili, eseguivano, invece, il segreto concerto della *Camarilla*, di chiedere la nomina di Carlo Torre a governatore di Benevento.

La Deputazione fu composta dai signori avvocato Pasquale La Valle, Dottor Domenico Ventura, Raffaele dei marchesi Mosti, Luigi Tomaselli, e da qualche altro, ch'è sfuggito alla memoria, e ad essi si unirono in Napoli, inconsideratamente, i signori marchese Casanova e Ferdinando Pandula, per far cosa grata ai loro importuni amici di Benevento.

Il Governo Provvisorio, sospettando i soliti intrighi dei *camarillisti*, aveva provveduto a sventarli, facendo partire assieme alla detta Deputazione un suo componente — il signor Domenico Mutarelli—con opportune istruzioni, ma questi, per troppa buona fede, invece di stare alle costole di quei signori, diede loro il tempo di presentarsi, da soli, al Segretario Generale Bertani, e chiedergli la nomina di Carlo Torre a governatore di Benevento; cosicchè egli arrivò nel momento, in cui il Bertani consegnava loro il relativo decreto, dicendo: « *ecco siete stati contentati, è questa la nomina di Carlo Torre a governatore di Benevento.* »

Il Mutarelli avrebbe dovuto opporsi, in nome del Governo Provvisorio, ma gli mancò quella risolutezza, ch'è necessaria in certi momenti di sorprese, e lasciò andare il brutto tiro fatto a lui, al Governo Provisorio, ed a tutto il partito della rivoluzione !

Veramente il Bertani non avrebbe potuto prendere quel provvedimento, perchè non poteva dimenticare che la proposta di nomina doveva esser fatta al Dittatore, esclusivamente, dal **Governo Provvisorio**, giusta l' accordo preso, ma egli forse cadde in tale errore, sia perchè la Deputazione gli si presentò in nome della Rappresentanza Municipale, sia perchè, ignorando lo stato politico di Benevento, non potè immaginare fin dove potessero giungere i tranelli della *Camarilla* beneventana.

Intanto sparsasi la notizia di quanto era accaduto, gl'insorti del 3 settembre ne restarono, fortemente, irritati, e chiesero, con la maggiore insistenza, di mandarsi una Deputazione al Dittatore, all'oggetto di far revocare la predetta nomina.

La Deputazione fu in effetti composta dallo stesso signor Mutarelli, e dai signori Domenico De Simone, Francesco D'Aversa, Dottor Vincenzo Russo, e Giambattista Zanchelli, ed io, non avendo potuto esimermi dall'accompagnarla, la presentai al Segretario Generale Bertani, per l'assenza di Garibaldi, il quale era intento ad espugnare Capua; ed in tale occasione, attesa la nomina del governatore, rassegnai i poteri, di cui era rivestito.

I Componenti la Deputazione espressero le loro doglianze al Bertani per la nomina del governatore Torre, perchè, a prescindere dai suoi sfavorevoli antecedenti politici, egli era il fiero avversario del partito democratico, ed era stato l'anima della reazione, suscitatasi in Benevento.

Tra essi il dottor Russo, con la faconda sua parola, commosse il Bertani a segno, che d'un tratto disse « *basta, basta* » *per ora il governatore Torre non verrà a Benevento, ed intanto ne riferirò al Dittatore pei suoi definitivi provvedimenti.* »

Però le imprudenze crearono al Governo Provvisorio una critica posizione, e giovarono, senza volerlo, agli avversarii.

Ecco cosa avvenne.

I Capi-Sezione, avendo saputo che il partito Torre, per ottenere la sua nomina a governatore, tra l' altro, aveva promosso una sottoscrizione, la quale, mentre si assicurava contenere i ringraziamenti al Generale Garibaldi pel dono fatto di 300 fucili, racchiudeva, invece, la petizione per l'anzidetta nomina, e credendo che una pubblica manifestazione avesse potuto vièmeglio influire a farla revocare, radunarono sotto l'armi le rispettive sezioni, cui si unirono anche le altre dei Comuni di S. Angelo a Cupolo e di S. Leucio, appositamente chiamate, e tutte, a tamburo battente, percorsero le principali strade, e soffermaronsi sulle diverse piazze e larghi. Indi furono invitati tutt'i Notarj, residenti in Benevento, a redigere un verbale di quanto veniva dichiarato dal popolo.

L'atto fu esteso dai Notari Mazziotta Bartolomeo, Bruno Tommaso, Bruno Antonio, Iannace Donato, Del Ninno Alfonso, ed è come segue:

IN NOME DI VITTORIO EMANUELE

RE D'ITALIA

DITTATORE GIUSEPPE GARIBALDI

Benevento, 25 Settembre 1860.

A richiesta dei qui sottoscritti e sottosegnati Capi-Sezione, Noi pubblici Notari, residenti in Benevento, ci siamo conferiti nei siti largo Castello, — largo Santa Sofia, — largo S. Domenico, — largo del Gesù, — nel cortile del palazzo comunale, — largo S. Caterina, — largo della Dogana, — largo del Duomo,

— piazza Orsini, — largo Porta Rufina; e indi in diversi siti e strade della città, ed abbiamo rinvenuto gran quantità di cittadini, e moltissimi naturali dei Comuni appodiati, limitrofi, e dove più, dove meno; e quindi girando per la maggior parte della città, rinvenendo, tratto in tratto, molta gente riunita, alcuni Capi-Sezione avendo domandato alla folla se avessero firmato una petizione al Generale Garibaldi, hanno risposto, chi affermativamente, e chi negativamente, e richiesti, nuovamente, che avessero inteso di firmare, hanno tutti, unanimemente, risposto:

Noi, senza leggere la scrittura, come ci fu detto da chi richiedeva la nostra firma, abbiamo inteso sottoscrivere un'indirizzo al Generale Garibaldi, per ringraziarlo di aver regalato alla Guardia Nazionale di Benevento 300 fucili, e per avere anche elevata Benevento a capoluogo di provincia napoletana.

Questo, e non altro, abbiamo inteso firmare.

Finalmente domandato chi bramavano avere per loro governatore, hanno tutti, a viva voce, risposto « vogliamo il signor Salvatore Rampone, che per noi ha faticato ».

Firmati: I Capi-Sezione — Francesco Babuscio , Francesco Capilongo , Domenico Ricci , Tommaso Campanella , Luigi Marotti, Paolo Orrei, Raffaele Russo, Pier-Felice Petrella, Giuseppe Marotti, Raffaele Generazzi, Raffaele Lamparelli , Antonio Lamparelli, Alessandro Ferrara, Giambattista De Longis, Salvatore Marotti, Lodovico Del Ninno , Giambattista Zanchelli, Michelangelo Iannace, Beniamino De Longis.

Luigi Pacifico testimone, Luigi Abete testimone.

Così, ed in fede. Firmati: Noi Notaro Bartolomeo Mazziotta rogato, Notaro Antonio Bruno, Notaro Tommaso Bruno, Notaro Donato Iannace, Notaro Alfonso-Maria Del Ninno, rogato ho segnato.

(Segno del tabellionato)

Quest'atto, che, come ognuno comprende, non altro racchiudeva che una pubblica e solenne manifestazione, solo perchè fatta con le armi al braccio, diè pretesto al governatore Torre di riferire al Dittatore che a Benevento era scoppiata la reazione.

Il Segretario Generale Bertani, abbindolato da tali mene non seppe, o non volle discernere, che la dimostrazione del 25 settembre, sebbene fatta da gente armata, pure quelli, che l'avevano promossa, erano gli stessi capi-sezione, che, nel 2 e 3 del detto mese, avevano innalzata la bandiera Sabauda, abbattendo il governo papale; e quindi avrebbe dovuto comprendere che l'agitazione era contro un partito, che s'imponeva, come al solito, al paese, e non avrebbe dovuto dare ascolto ai calunniosi reclami.

Però le imprudenze continuarono dall'una e dall'altra parte. Un vivace incidente avvenuto tra me ed il Torre, da quest'ultimo provocato, in una delle sale della segreteria della Dittatura, portarono il colmo alle scissure dei partiti, complicarono le pendenti pratiche, ed i *camarillisti*, maestri nell'arte degl'intrighi, la vinsero sul popolo, anche questa volta.

Il Bertani inviò a Benevento il colonnello garibaldino Bentivenga, siciliano, con 300 uomini, nella qualità di Commissario, con alti poteri politici e militari, per reprimere l'asserita reazione.

Nè il Bertani cadeva in tali errori, a riguardo solo di Benevento, poichè, cedendo alle pressioni, che gli venivano da fuori, fece eguale trattamento ad altri patrioti, in altre provincie, tenendo una linea di condotta, che favorì il partito, detto in allora dell'*ordine*, cioè della *consorteria*, che tanto male fece all'Italia; seminando, a piene mani, la discordia, e creando l'affarismo e l'immoralità, che potrà essere estirpata, solo in avvenire, da una nuova generazione, con una nuova rivoluzione.

Ciò che avvenne a Benevento, avvenne a Potenza, a Salerno, ad Avellino,—pei patrioti Giacinto Albini, Nicola Mignogna, Giovanni Matina, Oronzo Leo, ed altri capi dei governi insurrezionali,—che vennero surrogati con uomini di dubbia fede politica, ed affiliati alla *consorteria*.

Non può certo mettersi in dubbio il patriottismo del Bertani, e i molti servigii resi alla patria; però è innegabile, d'altro lato, ch'egli, forse involontariamente, contribuì ad un sistema di contradizioni e d'immoralità politiche, nelle provincie napoletane, che rovinò la causa del popolo, con gravissimo sfregio della libertà e della giustizia.

Era l'alba del 27 settembre, ed il colonnello Bentivenga, lasciando la ferrovia a Cancello, si metteva in marcia verso Benevento, alla testa di un battaglione di garibaldini.

Il Governo provvisorio informato, troppo tardi, dell'inconsulto provvedimento, non potè scongiurarlo, dimostrandone la inutilità; giacchè, nè punto nè poco, esisteva la denunciata ribellione, e i temuti disordini; pur tuttavia, facendo di necessità virtù, una sua Rappresentanza, assieme a molti cittadini, gli andò incontro fino al confine del territorio beneventano.

Il Battaglione giunto in città fu gentilmente accolto, e nonostante le fraterne manifestazioni, come di garibaldini a garibaldini, nonostante che non avesse trovata la strombazzata reazione, pure il Bentivenga, perchè fortemente prevenuto — per non dire altro — senza usare nèmmeno la cortesia di un saluto, di un'addio ai Rappresentanti il Governo provvisorio, assunse i pieni poteri, e adottò, stupidamente, tali provvedimenti, da farci credere in un periodo di terrorismo.

Bandì la legge stataria, ed ordinò il disarmo generale. Dispose l'arresto dei capi-sezione Campanella, Ricci, Zonchelli, Varricchio, e di altri cittadini. Fece eseguire visite domiciliari con ogni arbitrio, ed usò misure dispotiche ed inurbani trattamenti contro il partito insurrezionale, come che si trovasse fra nemici, e non fra amici.

Non mancavano le minacce a chi reclamava contro la *Camarilla* e la nomina del governatore Torre, come all'opposto il sorriso, l'affabilità, le promesse erano, largamente, dispensate a coloro, che si dichiaravano avversarii del Governo provvisorio e dei suoi partigiani.

I liberali scacciati dai loro posti, rintanati altri nelle loro case, altri fuori usciti per timore di arresto. Invece i *Torriani* chiamati alle prime cariche, non esclusi gli addetti alla polizia dell'abbattuto governo pontificio, e che poi proseguirono ad occupare.

Belle prove di patriottismo di un colonnello garibaldino !

Era questa la vera reazione, non la dimostrazione popolare del 25 settembre.

Assieme al Bentivenga era qui giunto il P. Pantalèo, frate siciliano, dell'Ordine dei Francescani, cappellano di Garibaldi, il quale più giudizioso dell'altro, non parteggiò, apertamente, con lui, ma volendo fare qualche cosa, che sapesse di liberalismo, pretese dall'Arcivescovo Cardinale Carafa, che gli avesse fatto aprire le porte del Duomo, perchè voleva predicare al popolo, e non avendolo ottenuto, indusse il Bentivenga a intimargli lo sfratto da Benevento, nel termine di due ore; ordine che fu, tosto, portato al Cardinale da un' Aiutante maggiore.

Ciò fatto, parlò al popolo sulla piazza *Orsini*, annunciando la cacciata dell'Arcivescovo, e trovò modo di fare emettere voci di plauso, che, in vero, non erano, e non

potevano essere indirizzate alle sue stranezze, chè, invece, erano suscitate dall'entusiasmo, cui il popolo si abban-
donava pel nuovo ordine di cose, e la rinascente libertà.

Il Cardinale partì all'imbrunire per Napoli, in compagnia del canonico Feuli—che, poi, morì da Arcivescovo
a Manfredonia—e fu scortato da un capitano garibaldino,
unitamente al Pantalèo. Ivi giunto fu condotto al palazzo
della *Foresteria*, ove restò per qualche giorno a disposizione del governo della Dittatura, il quale, dispose che
doveva recarsi all'estero, o a Roma, ed egli, interpellato,
prescelse quest'ultima dimora, e s'imbarcò per Civitavec-
chia, donde si recò a Roma.

Mentre il Bentivenga, come si è detto, abusava dei
suoi poteri, al Generale Garibaldi furono inviati ripetuti
reclami, in ordine alle critiche condizioni politiche, in cui
versava Benevento, chiedendogli giustizia e riparazione,
che non si ottennero, perchè Garibaldi costretto a combattere presso Capua le truppe borboniche, non poteva
occuparsi di cose amministrative, e dei fatti nostri, chè
anzi, è a ritenersi, nèanco arrivarono fino a lui le cennate rimostranze, poichè, in opposto, avrebbero avuto ben
altro risultato.

Vicende umane!

Tralascio poi di riportare i dettagli di quanto, in allora, si bisticciava e si ordiva contro il Governo provvisorio, e i suoi partigiani, perchè, ripeto, ancora una volta,
non è mio proposito trattare questioni di persone, dopo
lungo volgere di anni, e solo ricordo uno degli atti più
illogici e dispotici, compiuto dal Commissario Bentivenga
a sfregio del Governo provvisorio,—senza dubio, per isti-
gazione degli avversarii,—e questo fu l'aver creata una
Commissione d'inchiesta sugli atti di quel Governo, pre-

tendendo, in pari tempo, che i suoi Componenti avessero dovuto presentare un rendiconto.

E se non ridi, di che rider suoli ?

Il più grave dei delitti, scrisse un giorno Garibaldi, è l'ingratitudine: ebbene con l'ingratitudine si pagavano, in questo paese, gli uomini, che, pel suo bene, avevano fatto ogni sacrificio, mettendo, perfino, a repentaglio là vita.

Il Governo provvisorio doveva dare i conti! Ed a chi?

Forse al Governatore, che gli succedeva, od allo stesso Commissario straordinario?

Pare incredibile! ma è pur vero: si chiesero i conti.

Certamente nè all'uno, ne all'altro, il Governo provvisorio doveva dar conto del suo operato, perchè era stato Governo Sovrano, fino al giorno, in cui fece adesione alla Dittatura Garibaldi, e si pose alla sua dipendenza. Ciò è chiaro.

E d'altronde di che doveva dar conto? Di quello, che i suoi nemici avevano disperso, o sottratto, oppure di quello, che era stato gelosamente conservato?

Ma di ciò parlerò appresso.

La Commissione d'inchiesta fu composta colle persone dei signori avvocato Paolo Capilongo Presidente, avvocato Giovanni Bosco-Lucarelli, avvocato Emanuele Manciotti, avvocato Giovanni De Giovanni, Bartolomeo Vitagliano Segretario.

Alla Commissione fu fatto formale divieto di declinare il ricevuto incarico.

Infrattanto il Commissario straordinario, rassicuratosi che il popolo di Benevento non era quel popolo sedizioso, come lo si era dipinto, e che non sarebbe stato ulteriormente turbato l'ordine pubblico per la venuta del governatore Torre, lo invitò ad occupare il suo posto, ed il Torre, non ponendo tempo in mezzo, lasciò Napoli, dove per prudenza intrattenevasi, e nelle ore pomeridiane del dì 5 ottobre giunse a Benevento, accompagnato da alcuni suoi fidi partigiani, che gli andarono incontro fino a Montesarchio, e ad Arienzo.

Trionfale fu la sua entrata in città. Una folla di curiosi, e di avversarii del Governo provvisorio, e specialmente di tutti quelli, che non avevano preso parte al movimento insurrezionale del 2 e 3 settembre, lo ricevè a *Porta Rufina*, al suono della banda musicale, e parecchi facchini della dogana, e dei mulini, eseguendo gli ordini dei loro padroni, staccarono i cavalli dalla carrozza, che lo trasportava, e la trascinarono fino alla sua casa di abitazione.

Era una rivincita, che si pigliava la *Camarilla* e i *pagnottisti* insoddisfatti dal Governo provvisorio.

Il colonnello Bentivenga, avendo espletata la ben triste sua missione, partì da Benevento con i suoi *picciuotti*, dopo qualche giorno dall'arrivo del Governatore, senza lasciare di sè alcuna favorevole impressione, o piacevole ricordo, essendo stato, generalmente, giudicato come ignorante e prepotente.

Il governatore Torre, insediatosi nel palazzo del castello, attese con ogni zelo ed interesse, a completare l'organamento della nascente provincia, ed in breve si acquistò maggiori aderenze, essendosigli presentata la propizia occasione di poter soddisfare l'ingordigia di molti, coll'impianto di nuovi ufficii, e colle conseguenti nomine d'impiegati, giusta gli organici, esistenti nelle altre provincie del regno napoletano.

È inutile dire, poi, ch'egli, per quanto affabile nei modi, e d'indole piuttosto timida, pure non seppe elevarsi al di sopra delle passioni di partito, e non intese, com' era necessario, a quietare il paese. Dimenticò, sopra tutto, che se favori e beneficii avesse avuto a compartire, questi dovevano, principalmente, esser concessi a quelli, che, patrioti della vigilia, avevano proclamata la rivoluzione unitaria, per la quale egli era divenuto governatore di provincia, e non a quelli, soltanto, che, patrioti della festa, gli strisciavano d' intorno, e ne cantavano le lodi, come tanti giullari.

Il suo governo, dal lato politico, si confuse con quello del Commisario straordinario, e non poteva essere altrimenti, giacchè l'uno non rappresentava che le idee e gl'interessi dell'altro.

In quei giorni di agitazione e di confusione, i liberali erano presi di mira dalla reazione borbonico-clericale, che soverchiava. Benevento ne aveva dato il triste esempio, che poi fu seguìto dalle provincie di Avellino e di Campobasso, alla nostra limitrofe, dove però la reazione prese ben' altre proporzioni, e furonvi scene di sangue, incendii e disordini gravissimi; cosicchè il Dittatore Garibaldi inviò ad Avellino il Generale Türr, come già accennai, ed a Campobasso il Colonnello Nullo, per la repressione dei moti reazionarii scoppiati ad Isernia, e ad altri paesi del Circondario. Al Colonnello Nullo fu unito anche il Maggiore De Marco, alla cui dipendenza militava la Compagnia beneventana, sicchè è debito parlarne, quantunque non trattisi di avvenimenti svoltisi nel beneventano.

Le due colonne partite da Maddaloni, e da monte S. Angelo marciarono unite fino a Boiano, senza incontrare alcuna resistenza, ma da quel punto si affacciò serio il pericolo, che incautamente, o colposamente, non si seppe evitare dal Colonnello Nullo, giacchè egli, contro gli ordini ricevuti da Garibaldi, di soffermarsi a Boiano, in attesa dell'arrivo delle truppe piemontesi, comandate dal Generale Cialdini, spinse innanzi le due colonne, senza spie, o guide, senz'avanguardia, senza un piano di ritirata; e quindi si trovarono fra le gole di Pettorano e Castelpetroso, le cui sommità erano occupate da gran numero di gendarmi e granatieri borbonici, i quali capitanavano le orde dei reazionarii; sicchè dovettero i poveri giovani garibaldini azzuffarsi, e sostenerne le imboscate, che riuscirono loro ben disastrose.

Il combattimento avvenne il 17 ottobre, e durò fino a notte inoltrata, e la carneficina continuò anche nelle prime ore del successivo giorno.

A Castelpetroso le crudeltà furono maggiori. I prigionieri e i feriti non furono rispettati, ma barbaramente uccisi, e seviziati. Diciotto Garibaldini furono ligati, indi trucidati a colpi di scure e di altre armi omicide, ed alla strage presero parte, come tante tigri, anche parecchie donne, che, certo, non dovevano essere madri!

La Compagnia beneventana si trovò per la prima avviluppata dalle masse borboniche, ma ne fu salva per la gagliarda resistenza opposta dall'avanguardia, ch'era formata dai soldati papalini, che, come ho narrato nel capitolo VII° avevano disertato il Quartiere *S. Antonio*, i quali sostenendo il fuoco, assieme ad altri nuclei del battaglione comandato da Campagnano, in buona posizione, la Compagnia ebbe il tempo di battere in ritirata.

La stessa sorte, però, non toccò al mio germano Pietro, che n'era il Capitano; giacchè trovandosi, fatalmente, dalla compagnia diviso, volle con un pugno di garibaldini spingersi sull'erta di una collina, donde veniva un fuoco nutrito dei *regii*, i quali gli furono sopra, ed, a breve distanza, ebbe schioppettate, e cadde ferito al petto ed al collo, finendo tra gli strazii, senza esser soccorso dai fuggenti, ai quali inutilmente, faceva segni con le mani, mancandogli, certamente, la voce!

Egli giovane, a 27 anni, pieno di vita e di coraggio, s'immolava sull'altare della patria, per la causa della Libertà, e pel bene del suo natio paese, senza pompa, e senza gloria; e, ciò che più monta, obbliato dallo stesso paese, per la tristizia dei tempi, se non degli uomini!

A me non fu possibile, per le critiche condizioni di quei giorni andare a raccoglierne le spòglia, o scavargli una fossa fra quei sassi inospitali, e ciò mi accrebbe e perpetuò il cordoglio, che porterò meco nella tomba!

Gravissima fu la sconfitta toccata ai garibaldini, in quel giorno, essendone rimasti sul terreno circa 200, oltre un gran numero di feriti e prigionieri, scampati alle sevizie dei *cafoni* reazionarii, perchè condotti dalle truppe regolari nel Forte di Gaeta, donde furono, di poi, liberati con la capitolazione di quella piazza.

La responsabilità di tutto il sangue versato, nella triste giornata del 17 ottobre, cadde, principalmente, sul colonnello Nullo; ed uno dei superstiti—il signor Domizio Tagliaferri, di Boiano—ne narrò più dettagliatamente l'eccidio, nel n.° 28 del giornale la *Lega del Bene*, pubblicata in Napoli nel luglio del 1890, di cui è opportuno riportare alcuni brani.

. . . .

A Boiano la nostra colonna era costituita da circa seicento uomini, con una fanfara di trentadue persone di Apice, e di altri vicini paesi. Poi fu rinforzata da circa quattrocento altri del Battaglione Campagnano, di dugento di Bentivenga, oltre un forte numero di Campobassani e provinciali.

Garibaldi, tra le altre istruzioni fornite al colonnello Nullo, aveva data quella di far sosta a Boiano, e di non movere verso Isernia, prima del 20 ottobre, affinchè il nemico si fosse trovato bloccato fra noi ed il corpo d'esercito del Generale Cialdini, marciando per la strada del Macerone.

Se nonchè Nullo, improvvisamente, verso le 10 antimeridiane ci comandò di avvicinarci ad Isernia, in fretta, senza che avessimo avuto l'agio di rifocillare lo stomaco, digiuno dal giorno precedente.

Nullo derogò agli ordini ricevuti, e ci espose a quella tremenda carneficina, che la storia stigmatizza con parole di fuoco, e da cui pochi soltanto, ed a mala pena, scampammo.

Dopo tre ore, di penoso cammino, giungemmo presso Pettoranello di Molise sulla via, che congiunge questo paesuccio alla strada nazionale dei Pentri.

Quivi stanchi ci sdraiammo per terra. Alberto Mario proseguì verso Isernia. Nullo e il suo Stato maggiore penetrarono a Pettoranello.

Verso le 2 pomeridiane, mentre ognuno si cullava in un sospirato riposo, gran numero di gente bene armata si mostrò sulle vicine alture di Castelpetroso, e fra le rocce di Pettorano.

Datosi l'allarme, io e il capitano Pietro Rampone con qualche altro corremmo al paese per avvertire il colonnello Nullo.

Lo trovammo seduto al pianoforte suonando, e dopo avere ascoltato da noi, che il nemico ci era sulle spalle, rispose, in tuono burbanzoso « Sono io, che comando » Tornate ai vostri posti ».

Ci guardammo stupefatti, e tornammo donde eravamo partiti, annunziando la risposta di Nullo.

Mezz'ora dopo, il nemico, che ci era abbastanza da presso diè principio alle fucilate.

Fummo tutti, come un sol uomo, all'impiedi.

Corremmo verso i cafoni e li respingemmo, quantunque si trovassero garentiti dalle nostre palle, dietro macigni di ogni dimensione, e grossi alberi.

Intanto uno scalpitio di cavalli mi fece volgere, e vidi Nullo e lo Stato Maggiore al trotto, alla volta d'Isernia.

- Ci gridò: « *avanti ragazzi!* »

E noi andammo oltre.

Giunti sul ponte *senza pezzi*, che trovasi dopo la prima discesa tra Pettorano ed Isernia, le fucilate al nostro indirizzo incominciarono più incalzanti di prima.

Fu allora che Nullo col suo Stato Maggiore, dopo di averci ordinato di andare avanti, ed io, che gli era vicinissimo, lo sentii precisamente dire « *Non vi perdete d' animo, vi recherò subito rinforzi* » rifacendo la via già percorsa, lanciò al gran galoppo il suo cavallo verso Boiano, scappando ch' era un piacere!

Non vedemmo più nè il Nullo, nè il De Marco, nè arrivavano i promessi rinforzi!

Della ritirata fino a Boiano non so nulla, ma Alberto Mario, che si trovava tra le file dei garibaldini lo raccontò nella sua *Camicia Rossa*, ed Ernesto Armanni, con maggiore chiarezza, nella *Lega* succitata, essendo egli rimasto, in quel conflitto, gravemente ferito.

Intanto, noi, spinti verso Isernia dalle fucilate, continuammo ad incalzare il nemico, con la speranza che il rinforzo promesso dal Nullo arrivasse, da un momento all'altro, e non fosse *l'araba fenice*.

Accanita fu la resistenza, e senza curarci che le palle ci fischiavano alle orecchie, guadagnammo, poco a poco, una collinetta, a due chilometri dal ponte di Pettorano, snidando gran numero di borbonici, che dovettero cedere.

Caddero però mortalmente feriti, sotto i miei occhi, il *capitano Pietro Rampone*, che aveva mostrato molto sangue freddo e coraggio, diversi altri garibaldini, ed una mia ordinanza, che non potetti salvare dai colpi di stile di un *cafone*.

Sopraggiunse la notte, ch'era freddissima, e verso la mezzanotte scorgemmo un fuoco ad un paio di chilometri di lontananza. Credemmo lo avessero acceso gli altri garibaldini, che erano con Nullo, e andarono alcuni esploratori per provvederci di munizioni e cibi, e per affrettare i promessi rinforzi!

All'alba tornarono gli esploratori, e ci narrarono che quel fuoco era stato acceso dai regii, che avevano occupato Pettorano, dopo che la gran parte dei nostri era stata massacrata.

Quale fu il nostro sbalordimento, il nostro dolore, la penna non sa dirlo!

Dopo breve consiglio si decise di aprirci una strada verso Boiano.

Giunti appena sulla strada consolare, dove la sera precedente avemmo la prima scarica del nemico, ci trovammo circondati da stuoli di gendarmeria borbonica, dalla fanteria di linea, e dai *cafoni*. Questi ultimi erano armati di scure, uncini, ed altre armi di forma strana, il cui nome non ho mai conosciuto.

Una grandinata di fucilate ci assaliva da ogni parte. Le nostre munizioni erano completamente finite. Il numero dei nostri diminuiva, mano mano, sopraffatti dai nemici. Quanti in quel funesto giorno furono scannati, massacrati dai *cafoni!* quanti altri spogliati, derubati dai regii!

Fu un'eccidio, fu una vera ecatombe!

. . . .

Il Tagliaferri chiude la dolorosa descrizione — di cui tralascio altri particolari delle crudeltà dei regii contro i garibaldini e i patrioti di quel circondario — col mandare un saluto ai superstiti, ed ai defunti il tributo di una lagrima di dolore e di perenne lode, cui queste *memorie* fanno eco, condividendo la speranza che il sangue di tanti martiri, che cementò l'unità e l'indipendenza della patria, riesca a cementare anche la morale e la giustizia, di cui ancora si desiderano i vantaggi.

La Compagnia beneventana uscì salva dall'eccidio, perchè potè battere in ritirata a Boiano, meno il proprio capitano, che perì, come si è detto, senza soccorsi! Anche l'artigiano e musicante Raffaele De Angelis di Francesco, beneventano, non fece più ritorno fra i suoi, perchè trucidato da quei cannibali,—assieme a tutta la fanfara del battaglione, di cui faceva parte,—sotto il ponte di Pettorano, ove, all'imbrunire, si era rifugiata.

Tutti gli altri, poi, mano in mano, ritornarono a Benevento. Però è a notarsi che non tutti gl'iscritti nei ruoli avevano proseguito a servire, e che alcuni di essi non si trovarono al descritto combattimento, avendo preferito ritornare alla quiete delle loro case, fin da quando il Battaglione lasciò Ariano. La polvere e il piombo facevano paura! Mettiamo un velo sui loro nomi.

Oltre i caduti in quella funesta giornata, furonvi 1110 prigionieri, che furono, non senza maltrattamenti e minacce di morte delle truppe borboniche e dei fanatici reazionarii, condotti a Gaeta, ove rimasero fino al giorno 12 novembre, esposti a duri trattamenti ed alla fame; e vennero liberati solo in seguito allo scambio dei prigionieri, chiesto dal Generale Cialdini.

Fra i liberati, appartenenti alla nostra provincia vi furono il capitano Francesco De Nunzio, da Reino, — i tenenti Pietro De Martino, da Vitulano, — Domenico De Blasio, da S. Lupo, — Giuseppe Verdura da Fragneto,— Nicola Truppi, da Airola, — Nicola Savoia, da Montesarchio, — Alfonso Lombardi, da Airola, — i militi Antonio d'Alessandro, da Paduli, e Francesco Fasulo, da Benevento.

CAPITOLO X.

Il plebiscito del 21 ottobre — Decreto che dichiara Benevento provincia napoletana — Nuove leggi ed organici — Relazione del Ministro Romano, e decreto per la nuova circoscrizione — Discussione nella Camera Subalpina per la revoca del detto decreto.

Dopo le splendide vittorie riportate da Garibaldi e dai suoi Generali, nei primi di ottobre a Capua, e a S. Maria, contro le truppe borboniche, che furono costrette a chiudersi entro Capua, la diplomazia s'impensieriva della Dittatura del grande guerriero, e i moderati *consorti* non dormivano sonni tranquilli.

Il Ministro Cavour, che n'era l'ispiratore, e che, per quanto eminente uomo di Stato, non aveva compreso tutto il pensiero di Giuseppe Mazzini, in ordine all'unità italiana, faceva dire a Vittorio Emanuele in un proclama, diretto ai potentati di Europa, che «*andava a Napoli per*

10

chiudere l'éra delle rivoluzioni in Italia », e forzava la mano a Garibaldi per bandire il plebiscito di annessione agli Stati Sardi, che nè Mazzini, nè Garibaldi volevano, perchè incondizionato, e perchè non ancora compiuta l'unità nazionale, la quale doveva esser proclamata da Roma, sopra un nuovo patto fondamentale.

La diplomazia però la vinse, e Garibaldi dovette cedere alle insistenze del Ministro Conforti, che nulla tralasciò, neppure le lagrime, per indurlo a sottoscrivere la formola plebiscitaria — *Italia una e indivisibile con Vittorio Emanuele re costituzionale e suoi legittimi successori* — ed il plebiscito fu bandito pel 21 ottobre.

Benevento, naturalmente, seguì Napoli, e compì l'ultimo atto del suo risorgimento, votando anch'essa la predetta formola di plebiscito.

La votazione ebbe luogo nell'atrio del Liceo Giannone, sotto la presidenza dell'avvocato Carlo Bessogni, il quale fece del suo meglio perchè fosse riuscita imponente e regolare.

Il popolo vi accorse numeroso ed entusiasta, non però quanto lo era stato nei giorni 2 e 3 settembre, perchè già alla concordia, all'affratellamento, e al sentimento del bene pubblico, cominciava a subentrare quello del bene privato, e le scissure e l'odio di partito si facevano strada.

La rivoluzione unitaria in Benevento aveva completamente trionfato, e questa città aveva raggiunto quanto, durante un secolo, era stato per essa un sogno, ed una vana speranza. Era divenuta capitale di provincia italiana, e raccoglieva i maggiori vantaggi, che il nuovo ordine di cose apportava all'Italia.

Questa almeno era, in allora, la prospettiva del suo avvenire, sebbene ora qui, come altrove, si maledica alla

rivoluzione unitaria, a causa delle sopravvenute insopporta-
bili angustie, confondendosi, in tal modo, l'una cosa con
l'altra, — cioè, lo sgoverno, la immoralità, l'arbitrio e gli
aggravii delle imposizioni tributarie con le libere istituzioni, e l'unità nazionale, — come che quelle e queste fossero
le cause precipue, dirette, dei mali, che si deplorano, e
non la furfanteria e l'affarismo politico, alimentato dalla
debolezza e dall'incoscienza delle popolazioni, che lasciano
fare, e non provvedono — nèanche nelle vie legali — ai proprii interessi, mandando al Parlamento uomini sinceramente liberali, e per carattere indipendenti.

Comunque: a Benevento restano sempre i positivi mi
glioramenti, ottenuti pel mutato ordine di cose, che non
possono esser disconosciuti, nèanco da coloro, che ricor-
dano, con compiacimento, il *beato* governo del Papa.

Seguìto, intanto, il plebiscito, e cessate le leggi eccezionali, Benevento vide realizzata la promessa fattale
dal Generale Garibaldi — di elevarla a capitale di provincia — col decreto, emesso in data 25 ottobre, che
qui si riporta, come il più importante documento della nuova vita amministrativa e politica di questa storica città.

IL PRODITTATORE

IN VIRTÙ DELL'AUTORITÀ A LUI DELEGATA

Veduto il rapporto del Governatore di Benevento.

Sulla proposta del Ministero dell'Interno, deliberata in Consiglio dei Ministri

DECRETA

Articolo 1. L'antico Ducato di Benevento è dichiarato provincia del regno italiano. Un'apposita legge determinerà la sua circoscrizione, nel fine di completare il territòrio, proporzionatamente, alle altre provincie.

Articolo 2. Col 1° gennaio 1861 in poi, cessando di essere in osservanza le leggi e lo Statuto vigenti, sarà retta la provincia di Benevento dalle leggi, decreti, e regolamenti di questa parte meridionale d'Italia.

Articolo 3. Benevento sarà la capitale della provincia e la sede del Governatore.

Articolo 4. Tutt'i nostri Ministri sono incaricati dell'esecuzione del presente decreto.

Napoli 25 ottobre 1860.

Il Ministro dell'Interno Firmato: RAFFAELE CONFORTI

Il Prodittatore Firmato: G. PALLAVICINI

In conseguenza del surriportato decreto, fu emanato l'altro, in data 28 dicembre, dal Luogotenente Generale del Re Farini, col quale vennero istallati i diversi uffici, tanto pel ramo giudiziario, quanto finanziario, come per lo Stato Civile, che in Benevento non funzionava, perchè, come città appartenente allo Stato Pontificio, il registro dei matrimonii, dei nati e dei morti tenevasi dai Parroci.

Eccone il decreto:

IN NOME

DI VITTORIO EMANUELE

RE D'ITALIA

IL LUOGOTENENTE GENERALE DEL RE

DELLE PROVINCE NAPOLETANE

Visto il decreto del 25 ottobre del cadente anno.

Vista la proposta dei Consiglieri di Luogotenenza, incaricati dei Dicasteri di Grazia e Giustizia, dell'Interno e delle Finanze.

Udito il Consiglio

DECRETA

Articolo 1. In esecuzione delle leggi, che sono in vigore nelle provincie napoletane, vi sarà in Benevento un Giudice di Circondario, un Tribunale Civile, ed una Gran Corte Criminale, la cui giurisdizione si estenderà in tutto il territorio, che colla novella circoscrizione formerà la provincia di Benevento.

Articolo 2. Gli appelli delle sentenze del Tribunale Civile saranno portate alla Gran Corte di Napoli.

Articolo 3. Vi sarà in detta città una Conservazione delle ipoteche — una Direzione dei dazii diretti, del demanio, e dei rami riuniti, — un Ispettore Controlloro, e gli altri Impiegati, pari alle altre provincie dell'Italia meridionale.

Articolo 4. Sino a quando non saranno istallati i detti uf-ficii, gli atti verranno registrati in uno dei Circondarii vicini.

Le iscrizioni e trascrizioni saranno fatte nell' ufficio della Conservazione di Avellino, in appositi registri.

Articolo 5. Allorchè saranno stati istallati i detti uffici ver-ranno in essi trasmessi da Avellino tutt'i registri.

Articolo 6. I Sindaci eserciteranno le funzioni di Ufficiali dello Stato Civile, in conformità della legge, notandone gli atti sopra i registri, che saranno loro inviati.

Articolo 7. Per questo primo anno, i registri per Benevento e sue dipendenze verranno cifrati dal Presidente del Tribunale di Avellino, o da un Giudice da esso delegato.

I Consiglieri di Luogotenenza cureranno la esecuzione del presente decreto.

Napoli 28 dicembre 1860.

Firmato: *Farini*

———

Finalmente col decreto del 17 febbraio 1861, emesso dal Luogotenente Generale del Re Principe di Carignano, fu fissata la circoscrizione della nostra provincia, restando così coronata la iniziativa e l'opera mia, indi quella del Governo provvisorio.

A detto decreto precede la relazione del Ministro Li-borio Romano, ch'è, come segue; e dalla stessa rilevasi quanto abbia influito la rivoluzione unitaria del 3 settem-bre 1860, perchè Benevento ottenesse il posto, che ha di provincia napoletana di 1.ª classe.

CIRCOSCRIZIONE DELLA NUOVA PROVINCIA

DI BENEVENTO

—

Altezza Reale

Dopo il decreto dei 25 ottobre 1860 , che proclamava la Delegazione di Benevento, (indicata in quel Decreto col nome di antico Ducato di Benevento) incorporata al nuovo Regno Italico , era mestieri provvedere che , di quella nobile contrada, venisse costituita tale una provincia, che, per territorio e popolazione, se non pareggiasse le altre provincie meridionali d'Italia. non fosse almeno per riuscire troppo a queste inferiore.

Le aspirazioni e gli sforzi di quel paese, ad unificare le sue sorti politiche con quelle degli altri paesi italiani, meritano cotesta sollecitudine del Real Governo, il quale, avendo già fatto di Benevento il centro delle varie branche di pubblica amministrazione, che si trovano, in ogni capoluogo di provincia, non potrebbe più oltre, e senza gravi inconvenienti, dispensarsi di fare che quella regione si allargasse in regolare e ben conformata provincia.

A tale bisogno ispiratosi questo dicastero, commetteva al Governatore di Benevento il mandato di elaborare un progetto che dichiarasse quali delle limitrofe e vicine provincie dovessero mettersi a contribuzione, e quanto dovesse ciascuna conferire, perchè senza che quelle si sfreggiassero, si creasse la nuova provincia di Benevento, circoscritta e configurata in modo da presentare quella disposizione di circostanze e limitazioni territoriali, che sono pure utilissime condizioni al più libero, ed al più spedito maneggio della cosa pubblica.

Si divisò di aggregare all'importante lavoro un valoroso Ufficiale superiore del Genio, delle cui ricerche si avvalse in quanto riguardava la parte topografica. Erano poi uditi i Rappresentanti dei Comuni, che venivano designati come elementi della nuova provincia, ed inoltre il già Consigliere di Luogotenenza Marchese D'Afflitto, con saggio consiglio, istituiva una Commissione consultiva, destinandola a rappresentare, ed esaminare gl'interessi delle diverse provincie, che dovevano sottoporsi a contributo.

Dopo gli accurati studii e lavori, e dopo le disamine fatte dall'anzidetta Commissione, il Dicastero ha trovato la materia così diffusamente preparata e discussa, da potersi avventurare allo scioglimento del problema. Dai varii suggerimenti, dalle diverse opinioni, dai differenti partiti, che i ripetuti esami han fatto nascere, esso ha scelto ciò, che gli è parso il più conducente a costituire una provincia, il meglio possibile terminata e configurata, il meno dannoso alle limitrofe, che subiscono questa indispensabile sottrazione, e con animo tanto indipendente da' principii di predilezione, e di municipalismo, quanto predominato dalla realtà delle condizioni, e degli accidentati topografici, si è fermato in un progetto diffinitivo, che si onora di rassegnare coll'infrascritto decreto all'A. V., perché lo degni della Sua suprema sanzione.

Benevento è la capitale della nuova provincia. *Città storica, città di antiche memorie, di generosi fatti, di patite sventure, città che improntava del suo nome il Ducato,* non era altra che potesse contrastarle l'onore, che il progettato ecreto le riconosce, più che le concede.

La Provincia le sta disposta d'intorno, ed essa siede, come nel centro, quasi equidistante dai diversi punti del perimetro, il quale, nella più gran parte, è determinato da confini naturali.

Per capoluoghi di Distretti sonosi destinati Cerreto, e S. Bartolomeo in Galdo, i soli Comuni, che, dopo Benevento, meritino il titolo di città. Cerreto, sede di Vescovado, edificato con vaste proporzioni di architettonico disegno , offre , oltre a ciò, il vantaggio di essere nel centro del suo Distretto.

Questa medesima combinazione non ha potuto ottenersi per S. Bartolomeo in Galdo, il quale rimane piuttosto verso il confine, ma, a prescindere che è stato impossibile far meglio, tale svantaggio è compensato dalla importanza, che ha quel Comune.

Le provincie che contribuiscono sono il Principato Ulteriore, il Molise, la Terra di Lavoro, e la Capitanata.

Posta la già Delegazione di Benevento nel cuore del Principato Settentrionale, non si è potuto altrimenti svilupparla in regolare provincia, che obbligando questo a cedergli una quota maggiore, che non le dànno le altre, ma coi compensamenti , di cui, or ora, si parlerà, il Principato tornerà ad essere una delle più importanti provincie del Napoletano, e non che perdere, guadagnerà dalla proposta ricomposizione.

Una popolazione di 244,175 abitanti distribuita in tre Distretti, compone la nuova provincia, come dall' annesso specchietto n.° 1.

Per numero di Comuni, per territorio e per popolazione, ella è una delle più piccole tra le meridionali, ma è quanto basta perché abbia la legale esistenza, il dritto e l'autonomia di provincia, come tutte le altre.

I notevoli precedenti storici della città di Benevento, *e più di tutto la fede e le opere dei beneventani nella causa comune*, hanno indotto il Dicastero a proporre che la nuova provincia sia dichiarata di prima classe.

L'Augusta Casa di Savoia, così egregiamente rappresentata dall'A. V. voglia, con questa prerogativa, segnalare una prima creazione amministrativa, giudiziaria e politica, che si fa, nel suo nome, in questa parte del Regno Italico.

Applicava, poi, l'animo il Dicastero ad esaminare la questione dei compensamenti alle risecate provincie; su di che primamente proponevasi il dubbio, se tutte indistintamente fossero d'ammettere a questa legge, e se soltanto quelle, che hanno sofferto più significante diminuzione.

Osservava il Dicastero che la Provincia di Terra di Lavoro, e per territorio e per popolazione, è una delle più vaste di questa parte meridionale d'Italia. La eccessiva estensione, il soverchio numero degli abitanti sono circostanze, che intralciano a ritardare il corso di un'amministrazione provinciale. Malgrado le cessioni, che quella provincia viene a fare a Benevento, ella rimane tuttora fornita di 724,000 abitanti, numero inferiore soltanto a quello della Provincia di Napoli, e di gran lunga superiore a quello di molte altre provincie.

Press' a poco le stesse osservazioni valgono per la Capitanata, la quale per estensione è una delle maggiori, per popolazione una delle medie, superando essa ciascuno degli Abruzzi, ed anche la Calabria Ulteriore I.ª L'attual numero dei suoi abitanti è di 355,179, perdendone 17,967, che cede a Benevento, rimane tuttora di 337,212.

Onde il Dicastero ha conchiuso che Terra di Lavoro e Capitanata, anzichè ricever compenso, possono ancora tollerare una nuova riseca in favore del Principato Ultra e di Molise, le quali hanno sofferta maggior sottrazione per concorrere a creare la Provincia di Benevento.

Con la nuova cessione, che Terra di Lavoro fa al Principato Ultra e di Molise, la sua popolazione rimane tuttavia di anime 673,909, numero che è pur sempre non inferiore, che soltanto a quello della Provincia di Napoli.

Lo specchietto n.º 2. indica le sottrazioni fatte ed il numero degli abitanti, che le rimane.

Similmente la Capitanata, cedendo due Circondarii ed un Comune al Principato Ulteriore, non perde che altri 25,085 abitanti; per guisa che la sua popolazione resta di anime 312,127 (secondo lo specchietto n.º 3), il qual numero non la rende ultima tra le napoletane provincie, essendo sempre molto minori di essa l'Abruzzo Ulteriore Primo, e la nuova di Benevento.

Delle altre provincie, la sola, che ha potuto chiamarsi a contribuire ai compensamenti, è il Principato Citeriore con la piccola quota, che si rileva dallo specchietto n.º 4.

In quanto alle altre provincie limitrofe al Molise, ed al Principato Ultra, cioé l'Abruzzo Chietino, l'Aquilano e la Basilicata, si è creduto conveniente non sottoporle a veruna riseca, come quelle, che son divise da confini naturali di montagne, o di fiumi, ed i cui abitanti hanno minore omogeneità di abitudini e di usanze con quelli delle altre provincie, tra le quali si opera la nuova circoscrizione.

Adunque la Terra di Lavoro, la Capitanata ed il Principato Citeriore daranno proporzionati compensi al Principato Ulteriore ed al Molise. Le condizioni topografiche e la forza di ciascuna provincia, hanno regolato questi nuovi risecamenti; e la ragione delle perdite, che le due province da compensare hanno fatte, non che la opportunità degli aggregamenti, ed il voto espresso dai Commissarii delle ridette province, hanno proporzionato e diretto le diverse attribuzioni, le quali son dichiarate negli specchietti n. 5 e 6.

Molise riceve un compenso minore, perchè la situazione topografica non ha permesso di fare altrimenti. Nulla di meno la sua popolazione rimane sempre di anime 376,884, numero pel quale ella è superiore a ciascuno dei tre Abruzzi, alla Calabria Ulteriore 1ª, alla Capitanata, ed alla Provincia di Benevento.

Con le progettate modificazioni territoriali, il Governo, mentre da un lato rende omaggio al decreto dittatoriale, che dichiarava la già Delegazione di Benevento provincia del regno italiano, e prometteva di ampliarne il territorio proporzionatamente alle altre provincie, dall'altro compie un atto, senza di cui sarebbe inconseguente a sè stesso. Imperciocchè per effetto di quel medesimo decreto già trovansi nominati e costituiti in Benevento i diversi funzionarii ed agenti, che rappresentano il potere nelle varie branche della pubblica amministrazione; e costoro rimangono pressocchè oziosi, e quasi vano simulacro, nè possono esplicare la rispettiva autorità sino a che non abbiano veramente una Provincia da governare.

Del rimanente, con questa parziale modificazione alla pre

sistente circoscrizione delle provincie meridionali, il Governo della Luogotenenza non può intendere, nè intende, menomamente, di stabilire un fatto assoluto e irrevocabile.

Ogni volta che, con nuova Legge da proporsi e discutersi nel Parlamento Nazionale, si stimerà spediente di rimaneggiare la divisione e circoscrizione del Napoletano, l'assestamento, che si fa con l'infrascritto decreto tra le Provincie di Benevento, di Terra di Lavoro, dei due Principati, di Molise e di Capitanata, non sarebbe certamente di ostacolo alle nuove limitazioni, che la sapienza dell'Assemblea legislativa fosse per riputare più utili al maggior bene dei popoli, ed al migliore esplicamento dell'autorità governativa.

Napoli, 17 Febbraio 1861.

Il Consigliere
Firmato: L. ROMANO

DECRETO

Napoli, 17 Febbraio 1861

EUGENIO, PRINCIPE DI SAVOIA-CARIGNANO

Luogotenente Generale di S. M.

nelle Province Napoletane

Sulla proposizione del Consigliere di Luogotenenza incaricato del Dicastero dell'Interno;

Visto il Decreto 25 Ottobre 1860;

Udito il Consiglio di Luogotenenza;

Abbiamo decretato e decretiamo:

Art. 1. Saranno distaccati secondo la presente rispettiva confinazione e composizione, per aggregarsi alla novella Provincia di Benevento:

Dalla Provincia di Principato Ulteriore i Circondarii di Vitulano, Montesarchio, S. Giorgio la Montagna, Paduli, Pesco. lamazza, S. Giorgio la Molara, ed i Comuni di Arpaise e Ceppaloni del Circondario di Altavilla:

Dalla Provincia di Molise i Circondarii di Pontelandolfo, Morcone, S. Croce di Morcone, Colle, Baselice:

Dalla Provincia di Terra di Lavoro i Circondarii di Cerreto, Cusano, Guardia San Framondi, Solopaca, Airola, S. Agata dei Goti:

Dalla Provincia di Capitanata i Circondarii di S. Bartolomeo in Galdo e Castelfranco.

Art. 2. La Provincia di Benevento sarà di prima classe. Essa verrà divisa in tre Distretti.

Al primo, che avrà per sede il Capoluogo della provincia, rimangono aggregati i Circondarii di Vitulano, Montesarchio, Airola, S. Giorgio la Montagna, Pescolamazza, Paduli ed i Comuni di Arpaise e Ceppaloni del Circondario di Altavilla.

Il secondo Distretto avrà per Capoluogo Cerreto, e comprenderà i Circondarii di Cusano, Guardia San Framondi, Pontelandolfo, Morcone, Solopaca, S. Agata dei Goti.

Il terzo Distretto avrà per Capoluogo S. Bartolomeo in Galdo, e comprenderà i Circondarii di S. Croce di Morcone, S. Giorgio la Molara, Baselice, Colle, Castelfranco.

Art. 3. Saranno poi distaccati, secondo la presente rispettiva confinazione e composizione, per aggregarsi alla Provincia di Principato Ulteriore:

Dalla Provincia di Terra di Lavoro i Circondarii Baiano e Lauro:

Dalla Provincia di Capitanata i Circondarii di Accadia, Orsara ed il Comune di Savignano:

Dalla provincia di Principato Citeriore i Circondarii di Montoro e Calabritto.

I Circondarii di Baiano, Lauro e Montoro formeranno parte del Distretto di Avellino; quelli di Accadia e di Orsara, del Distretto di Ariano ; quello di Calabritto del Distretto di S. Angelo de' Lombardi.

Il Comune di Savignano farà parte del Circondario di Orsara.

Art. 4. Saranno infine distaccati dalla Provincia di Terra di Lavoro, secondo la presente rispettiva confinazione e composizione, per aggregarsi alla Provincia di Molise, i Circondarii di Venafro e Castellone. Essi faranno parte del Distretto di Isernia.

Art. 5. I lavori necessarii per tradurre in atto le disposizioni del presente Decreto saranno espletati a tutto maggio del corrente anno, di maniera che nel dì 1° del seguente giugno dovrà trovarsi costituita la novella Provincia, ed eseguiti i distacchi e le compensazioni stabilite dianzi. Dal detto giorno le relazioni delle diverse autorità, proposte all' Amministrazione Civile, alla Giustizia, alla Polizia, alla Guerra, al Culto, ai Lavori Pubblici ed alle Finanze, saranno governate in conformità delle precedenti disposizioni.

Art. 6. Tutt' i Consiglieri di Luogotenenza, ciascuno per la parte, che lo riguarda, sono incaricati della esecuzione del presente decreto.

Napoli, 17 Febbraio 1861.

Firmato: EUGENIO DI SAVOIA
Firmato: COSTANTINO NIGRA

Il Consigliere del Dicastero
dell'Interno
Firmato: L. ROMANO

La creazione della nuova provincia di Benevento, e colla distinzione di prima classe, non poteva non suscitare la gelosia delle altre provincie, che col cedere una parte dei loro comuni, ne restavano danneggiate, e quelle di Terra di Lavoro e di Molise, i di cui interessi furono maggiormente feriti, ne mossero una guerra accanita.

La questione fu portata innanzi al Parlamento, sedente a Torino, che se ne occupò nella seduta del 3 aprile 1861.

I Deputati Caso, Massari, Conforti e Cardente, proposero l'annullamento del suddetto decreto Luogotenenziale, confermante l'altro della Dittatura Garibaldi del 25 ottobre 1860, poggiando la loro proposta, principalmente, sui motivi che la circoscrizione non era stata fatta con giusti criterii, mentre altri distinti Deputati, ne difesero la validità e la necessità dell'esecuzione, tra i quali l'ex Ministro Liborio Romano, che conchiudeva l'eloquente suo discorso con le seguenti parole:

« *Benevento ha un'importanza, storica e può vantarsi di un fatto moderno. Al primo sventolare della bandiera Sabauda si sottrasse al giogo clericale, e contribuì, potentemente, al movimento unitario delle provincie limitrofe.*

Questa eroica città ci schiude le porte del seggio della città eterna, e ci mena in Campidoglio.

Per tutti questi titoli, spero si rigetti la proposta di sospendere l'esecuzione della legge. »

In effetto, la Camera respinse, a grande maggioranza, la proposta del Deputato Caso, e l'organamento della nuova provincia ebbe la sua completa esecuzione, nel giugno del detto anno, giusta il citato decreto Luogotenenziale del 17 febbraio, e la conferma del Parlamento Subalpino del 13 Aprile, che resterà quale documento eloquente e imperituro dei maggiori fasti della nuova Benevento.

CAPITOLO X.

I libellisti — Il rendiconto del Governo Provvisorio —

Conchiusione

Non ostante i gravi sacrificii sostenuti e i pericoli cor-
si dagl'insorti del 2 e 3 settembre, oramai noti, pure la
loro opera, disinteressata e patriottica, fu disconosciuta
e calunniata dai soliti *camarillisti*, e che prendevano il
nome di partito Torre, fatti più audaci dalla nomina di
lui a governatore della provincia.

Non paghi delle misure eccezionali, ingiustamente
contro di essi provocate, non delle persecuzioni, cui li a-
vevano fatti bersaglio, per semplici questioni personali, li
vollero anche diffamare con la pubblicità della stampa, e
nell'*Iride*, giornale che, in quell'epoca, vedeva la luce in
Napoli, inserivano articoli ingiuriosi e diffamanti, sotto il
titolo « *La setta democratica di Benevento* » e che poi
ripetevansi nella *Strenna*, dedicata, in quell'anno, al governatore Torre, come illustrazione; e se è vero che lo

stile è l'uomo, i liberali dell'indomani, da quello stampato, rivelavano i loro perversi sentimenti.

Potrà sembrare fuor di luogo e poco serio, che in queste memorie si parli di articoli di giornali e di *Strenne*, di trentott'anni dietro; ma quando si rifletta che le dette notizie mettono capo ad una questione di ordine morale, e che, oltre a servire di ammaestramento pei giovani, che si dedicano alla politica, e pel popolo, in generale, ch'è, poi, sempre quello destinato a portar la croce, completano la storia della nostra rivoluzione del 1860, mettendo in chiaro molte cose, che restarono, fino ad oggi, ignorate.

Ecco che cosa si scriveva nell'*Iride* e nella *Strenna*.

« *I liberali di Benevento* (quali?) *pronti sempre ad ogni sacrificio pel bene del loro paese, vedevano, con ogni persona di buon senso, l'inutilità ed il male del loro paese, in qualunque movimento, che colà si fosse fatto, e decisero che la rivoluzione in Benevento poteva essere la consejuenza della cacciata di re Francesco da Napoli.* »

Bella idea patriottica! Belli progetti, proprio d'affaristi!

È chiaro: essi non volevano la rivoluzione, perchè temevano il giudizio del Popolo, e perchè non sentivano amore per la libertà; e quindi trovavano *inutile e dannosa* l'iniziativa per la rivoluzione, e se i loro egoistici progetti fossero stati attuati, certo che Benevento non sarebbe stata elevata a capitale di provincia napoletana dal Dittatore Garibaldi, nè ne sarebbe stato confermato il decreto dal Parlamento italiano.

Occorre forse altra dimostrazione, oltre quella riportata nella relazione e difesa fatta, all'oggetto, dal Ministro Romano in Parlamento? Certo che no.

Alla critica, poi, mossa, senza neanco un po' di logica e di buon senso, in ordine alla iniziativa della rivoluzione, che, come si è già visto, produsse serii ed insperati vantaggi a Benevento, i *libellisti* avversarii aggiungevano la contumelia e la calunnia.

Tutti gli epiteti più ingiuriosi scaraventavano contro gli uomini della rivoluzione, e li chiamavano, *tristi*, *birbi*, *faziosi* — il solito frasario, con cui si è sempre gratificato il partito democratico — e su ciò non è il caso d'intrattenersi, ma invece su quant'altro scrissero di più mostruoso, con una tracotanza unica, più che rara, cioè « — *Quei della rivoluzione credevano far di Benevento un feudo delle loro famiglie* — Che « *il Collegio Gesuitico era stato spogliato* — Che « *l'Erario pubblico era stato dilapidato ecc.* »

Non è manco poi a parlare di favori, e d'impieghi concessi dal Governo provvisorio ai suoi aderenti, e congiunti—come pure di ciò lo accusavano—giacchè niuno di essi fu beneficato e ricompensato, come meritava, e come dovevasi; conseguenza questa di un esagerato sentimento di delicatezza e di patriottismo, che fu un vero errore; mentre, poi, furono dispensati dal Governatore Torre impieghi e favori, a dritta e a manca, senza tanti scrupoli, ai suoi, ai reazionarii, e fino alle spie del caduto governo pontificio.

Veggasi, intanto, dai seguenti documenti, con quanto disinteresse la Rivoluzione governò Benevento, con quanta parsimonia erogò il poco danaro, trovato nelle pubbliche casse, e con quanta cura e diligenza conservò ciò che si apparteneva alla Delegazione Pontificia.

Con la pubblicazione dei detti documenti si avrà quel tale conto materiale e morale, che i membri del Governo provvisorio non potevano dare ai loro accusatori reazionari nel 1860, e non diedero per dignità personale, e per rispetto allo stesso Governo, ch'era investito di poteri sovrani; e la pubblicazione dell'oggi mira a che il lettore, e massime i beneventani siano, completamente, informati di tutt'i fatti svoltisi, in quell'epoca, e di certe cose, che sono rimaste finora ignorate, e che pur sono d'interesse pubblico.

Non appena si fu istallato il Governo provvisorio fu ordinato all' Amministrazione Camerale Apostolica di dichiarare quali somme trovansi in cassa, ed il contabile signor Saverio Petrosini, per l'assenza dell'amministratore signor Tinelli, diede la seguente risposta.

Eccellentissimo Signor Presidente
del Governo Provvisorio

Pregiomi dichiararle che, eseguiti alcuni pagamenti, qui annotati, in cassa trovansi le seguenti somme:

In rame ducati dugentottanta	280,00
In argento ducati trecentocinquanta	350,00
In fede ducati cento	100,00
In uno ducati settecentotrenta	730,00

(La detta somma è pari a quella di lire 3102,50.)

Esistono pure i seguenti crediti:

1. Debito del Cursore Giuseppe Marsullo, ducati 237,19.

2. Versamento del signor Girolamo Martini per tassa di macinato, ed altro, non eseguito.

3. Versamento del signor marchese Giuseppe Pacca non eseguito.

Benevento, 5 Settembre 1860.

Firmato: SAVERIO PETROSINI

Al Governo provvisorio mancò, poi, il tempo di chiedere le giustifiche dei suddetti ineseguiti versamenti, perchè gli fu tolto il potere quando appunto era necessario gli fosse conservato.

Ed è qui opportuno far sapere che la mancanza di danaro nella cassa Camerale non era casuale, ma invece preparata dagli amici di Monsignor Agnelli, di accordo coll'amministratore Tinelli, onde creare imbarazzi al nuovo governo. In fatti fu, dopo qualche anno, accertato da persona degna di fede, che il Tinelli, nel partire da Benevento, parecchi giorni prima della rivoluzione, diede ordine al contabile signor Saverio Petrosini di nascondere la somma di ducati diecimila; ciò che fu eseguito, ed il denaro gli fu, poi, spedito a Roma, come assicurò lo stesso Petrosini.

Lo scopo fu raggiunto, giacchè il Governo provvisorio non avendo come provvedere agli urgenti bisogni dei servizii pubblici, fu costretto chiedere denaro a prestito, ed a mezzo del signor Pasquale Capilongo—l'ex Deputato del nostro collegio politico—che, per sentimento di patriottismo, si obbligò personalmente alla restituzione,—si ebbero dal cassiere comunale signor Lorenzo Iannotti ducati 400, che servirono per le paghe ai militari ed ai volontarii della Compagnia beneventana.

Il Governo provvisorio, dunque, non dispose, di altre somme, se non di quella, infedelmente, dichiarata dal contabile Petrosini, e dell'altra presa a prestito dal signor Iannotti, in uno di ducati 1130, (lire 4802,50).

Ecco, d'altra parte, un sunto degli esiti sostenuti dal detto Governo, e, qualche giorno prima, anche dal Comitato insurrezionale.

Al signor Giuseppe De Marco, Presidente del Comitato Vitulanese, e Comandante il Battaglione Irpino, furono dati in piú volte, per effetti militari e cibarie, ed in denaro, come dai ricevi del 31 agosto, del 5 settembre e da un altro senza data, in uno ducati mille   Duc. 1000,00

Al signor Raffaele Palmieri per tremila cartucce e per altre munizioni, come da ricevo del 15 ottobre, ducati trenta   Duc. 30,00

Alla Compagnia beneventana, come dagli stati di paga, ducati seicento   Duc. 600,00

Agli arruolati per la gendarmeria reale, come dagli altri stati di paga del 12, 13, 14 e 15 settembre, ducati cinquanta   Duc. 50,00

Al Tenente De Dominicis, di truppa pontificia, ducati quarantacinque   Duc. 45,00

Al Tenente Toselli ducati nove   Duc. 9,00

Allo stesso Tenente per il distaccamento di linea pontificia, che prese servizio col Governo provvisorio, giusta lo stato di soldo dal 10 al 18 settembre, ducati ventiquattro   Duc. 24,00

Al signor Francesco Rispoli, Segretario Generale del Governo Provvisorio, ducati cinquanta   Duc. 50,00

Agl'impiegati civili, in conto dei loro stipendii, ducati venti   Duc. 20,00

Per la Deputazione Governativa al Dittatore Garibaldi, ducati trenta   Duc. 30,00

In uno ducati mille ottocento sessantotto Duc. 1868,00 corrispondenti a lire 7939,00.

Ai suddetti esiti vanno poi aggiunti i seguenti altri; cioè per alloggio a più bande insurrezionali, che transitarono per Benevento,—per fitto di traini, di carrozze, di cavalli, — per appositi messi a Napoli, ed alle limitrofe provincie,—pei nuôvi stemmi, per le bandiere e stampati, per luminarie, banda musicale e per tante altre spese, che, in quei momenti di trambusti e di urgenti bisogni, sorgevano da un' ora all' altra, e s' imponevano, di cui non si può precisare l' ammontare, ma che, per calcoli approssimativi, può ritenersi superasse la somma di ducati mille (L. 4250).

Forse qualcuno potrebbe domandarsi, come mai quel Governo avesse potuto far fronte a tante spese, una volta che non dispose se non della somma complessiva, dianzi cennata, di soli ducati 1130 ? È quindi opportuno chiarirne il dubio.

Il Comitato insurrezionale per sostenere la spesa per le armi e munizioni, che dal Comitato Centrale,—quantunque promesse, non arrivarono mai, — mercè una volontaria sottoscrizione, aveva incassata la somma di oltre ducati mille, che non fu tutta erogata, e siccome le stesse persone del Comitato furono elevate a componenti il Governo provvisorio, così si trovarono in grado di disporne pei suddetti pubblici servizii.

Nè, poi, la deficienza di denaro cessò nella cassa governativa, perchè i contribuenti, profittando dei tempi eccezionali, non versavano le relative quote di dativa reale, ed il Governo provvisorio, in data 17 settembre, emanò un ordinanza di versarle, fra il perentorio di tre giorni, con la minaccia, in caso d'inadempimento, dei rigorosi provvedimenti di legge.

A ragguagliare, poi, completamente, i cittadini della scrupolosità, con la quale agì il predetto Governo, basterà riportare una lettera del Rettore del Collegio Gesuitico del tempo, e citare gl'inventarii, che d' ordine del Presidente del governo furono compilati. il primo in data 4 settembre dal Sindaco del Comune, (1) signor Gaetano Grasso, riguardante la mobilia, le suppellettili, le biancherie, esistenti nel palazzo Delegatizio, ed il secondo, aperto in data 96 dello stesso mese, e chiuso il 29 detto dal Notaro Antonio Bruno, per tutto quello, che trovavasi nel Collegio Gesuitico, nella Chiesa annessa, e perfino nel casino in contrada *Guardie*, e di cui si farà cenno in seguito.

Ecco, intanto, la lettera del Rettore del Collegio.

Eccellentissimo signor Presidente
del Governo Provvisorio

In mezzo alla mia dolorosa situazione, avendo sperimentato i tratti della innata sua gentilezza, avvicinandosi l'ultimo momento, in cui sarò costretto ad uscire da questa casa, affidatami dal mio Superiore, il molto reverendo P. Pietro Beckx, faccio ultimo ricordo alla di lei bontà, onde si compiaccia accogliere favorevolmente questo scritto, come schiarimento, e per darmi protezione.

Il fatale colpo ci piombò addosso, quando meno l'aspettavamo, ed eravamo nella speranza di vistosa esazione maturata, che ascende a circa ducati 2500, e ci trovammo con assai scarso numerario, a motivo di straordinarie spese, poc'anzi fatte; sicchè la procura non aveva che soli ducati dugento.

Intanto io doveva mantenere la piccola Comunità e fornire il necessario ad alcuni, ove dovessero partire, ed onde la S. V., ad un colpo d'occhio, comprenda la mia posizione, le presento la tabella, in cui comparirà la distribuzione fatta del numerario, rimastomi in cassa, e quello che mi sarebbe necessario.

....

(1) La carica di Sindaco sotto il Governo Pontificio era quella, che ora è di Segretario Comunale.

	Ho dato	Dovrei dare
Al P. Biagioli	Duc. 20,00	10,00
Al P. Ioele	Duc. 20,00	10,00
Al P. Chreptowin	Duc. 20,00	10,00
Al P. Sabatini	Duc. 20,00	10,00
Al P. Gastaldi	Duc. 20,00	10,00
Al F. Barattolo	Duc. 10,00	15,00
Al F. Catalano	Duc. 10,00	10,00
Al F. Folchi	Duc. 10,00	15,00
Per me	Duc. » »	30,00
Salario ai domestici	Duc. » »	18,85
Per le corr. spese di vitto Duc. 10,50		» »

In uno Ducati 140,50   Duc. 143,85

Dei ducati 200 avendo speso 140,50, restano ducati 59,50.

Ora con detta somma non posso punto far fronte alle necessarie spese, occorrendomi invece quella di ducati 102,35; e questo è nel momento attuale, poichè, ove la nostra agonia si prolungasse, la somma rimastami, continuando a scemare pel nostro mantenimento, molto meno potrà coprire la somma, che ora occorrerebbe da coprirsi.

Vengo adunque a interessare la lodata sua bontà di cuore perchè in riguardo di una vistosa esazione, ch'era maturata per noi, si compiaccia di farmi elargire i suddetti ducati 102,35, onde far fronte all'esposta mancanza, aggiungendovi qualche altra somma, con che mantenerci in quest'ultimo scorcio della nostra permanenza in Collegio, mentre ora siamo ridotti ad essere solamente otto individui, tanto più che nella somma maturata da esigersi, sonvi ducati 22, per legato di messe Terragnoli, già soddisfatte da noi, anticipatamente.

Colgo questa occasione per compiere ad un altro mio dovere, raccomandando, quanto so e posso, alla di Lei non solo bontà di cuore, ma ancora religione, i nostri creditori di vario genere, verso i quali, se, pel passato pure, la natura della gestione portava che, ad ora ad ora, si accumulassero debiti per deficienza di esazioni, che poi si saldavano, di mano in mano, con somme esatte, nelle ultime vicende nostre, a nessuno ignote, nelle quali ne corsero tante straordinarie spese, dovettero molto più crescere i nostri debiti, e tra questi debiti, credo esonerare la mia coscienza, col metterle sott'occhio il debito con la Cassa Sacra di ducati 125, che avevo ben in animo di pagare, con le somme sperate, venutemi meno. Oltre questo debito, gli altri press'a poco, potranno ascendere a ducati 640 circa.

Avendo avuto il bene, in questi trepidi istanti, di fare la personale conoscenza dell'E. V., e, in diversi abboccamenti, leggere su la di lei fronte l'animo inchinevole al ben fare, io le rassegno questa supplica, nella piena fiducia che non potrò giammai dire avermi Ella negato quest'ultimo favore, come non potrò dire, certamente, ch'Ella non mi abbia sempre palesata molta cortesia, del che glie ne conserverò un indelebile riconoscenza.

Di Vostra Eccellenza

> U.mo e Dev.mo Servo
> Firmato: TOMMASO PAOLINI
> *della Compagnia di Gesù*

È superfluo dire che il Rettore P. Paolini non ebbe alcuna somma dal Governo Provvisorio, perchè non ne aveva affatto disponibile, e perchè il predetto Rettore avrebbe potuto realizzare parte almeno delle rendite, già maturate—come egli stesso dichiarava,—di cui il Governo provvisorio non aveva impedito l'esazione.

Fu dunque calunniosa l'accusa « che il *Collegio Gesuitico* era *stato spogliato* » che anzi i gesuiti, senz'attendere che fossero stati espulsi, capirono ch'era miglior partito lasciar, volontariamente, il collegio, come fecero, onde aver l'agio di vendere e portar via quanto potevano.

Infatti vendettero tutte le provviste di cucina e qualche utensile, consegnarono, o regalarono a persone loro intime alcuni letti; ed in somma si preparavano a far fagotto, di che informato il Presidente del governo dispose la compilazione dell'inventario, e i gesuiti lasciarono in allora il collegio, restandovi il solo Rettore, il quale, invitato, vi assistè, assieme al commissario di polizia signor Francesco Mozzilli, a maggior garenzia delle relative operazioni.

Tutto fu, regolarmente, inventariato—mobilia, suppellettili, attrezzi scolastici, libreria —della quale la descrizione è interessante; e chi ha vaghezza di prenderne cognizione potrà farne lettura presso l'ufficio del Notaro Nicola Bruno, qui residente, ch'è depositario della scheda notarile dello zio Antonio Bruno.

La detta libreria occupava due grandi stanze, nelle quali erano collocati circa quaranta scaffali e scansie, che contenevano un migliaio di volumi di opere scientifiche e letterarie, e molti titoli e documenti, riguardanti la rinomata Badìa Sofiana, di cui il collegio possedeva buona parte dei beni, nonchè molti atti e decreti dell'Arcivescovo Orsini, (Benedetto XIII) il quale tanto beneficò ed arricchì questa città.

L'inventario fu esteso anche a ciò che si trovava nella chiesa annessa, ch'era corredata di sacri arredi e paramenti in damasco, nonchè a quant'altro esisteva nel casino, in contrada *Guardie*, ora di proprietà degli eredi di Ferdinando Torre.

Anche l'altro inventario, esattamente compilato dal Sindaco Grasso, trovasi depositato in quest'archivio comunale, e tali provvedimenti furono presi allo scopo che tutto fosse stato custodito e conservato.

Quali furono, dunque, le ruberie dei rivoluzionarii?

Se vi furono, come se ne disse, queste avvennero dopo la caduta del Governo provvisorio. Fu allora dissipato e sottratto quello, che la Rivoluzione e il suo Governo avevano rispettato.

Ed in fatti quale fu l'uso della mobilia, delle suppellettili e delle biancherie, che corredavano il palazzo Delegatizio, inventariate dal Sindaco Grasso?

Quale fu l'uso della mobilia, delle suppellettili, esistenti nei diversi Conventi, soppressi e dismessi, nel novembre 1860, dal Governatore Torre, senza un qualsiasi regolare procedimento?

Che dei crediti dichiarati dal contabile Petrosini?

Che delle rendite del Collegio Gesuitico, maturate e non esatte dal Governo provvisorio?

Che della gran quantità di tabacchi, esistenti in magazzino, e non punto toccati dal Governo provvisorio?

Ai libellisti reazionarii — giacchè qualcuno ancor vive — la risposta.

Invece essi stessi miravano a *far di Benevento un feudo delle loro famiglie*, di che pure addebitavano il partito democratico. Essi sì—e non altri—*s'imposero al paese*, e dopo di avere ostacolato il movimento insurrezionale, riuscirono, con ogni sorta d'intrighi, a godere i frutti delle fatiche, dei sacrifizii, e della compromissione di quelli, che, per vero amore alla libertà, l'avevano organizzato e sostenuto, e dopo ciò erano da essi stessi gratificati cogli epiteti di « *tristi*, di *birbi* e di *faziosi* »—

Il ladro gridava al ladro!

Oh tempi! oh rei costumi!

Però, se da un lato vi erano dei calunniatori, dall'altro eravi, oltre la riconoscenza del paese in generale, anche chi, spassionatamente, scriveva delle cose nostre, con autorità e coscienza di patriota, e questi era il signor Giuseppe Lazzaro, il più attivo fra i membri del Comitato centrale insurrezionale —ora Deputato al Parlamento—il quale, nella storia della rivoluzione napoletana, al capitolo VIII, scrisse quant'appresso, che si riporta per solo omaggio alla verità, in ordine alle condizioni politiche di Benevento.

. . . . . giovane beneventano, uno dei volontarii del 1848 e 1849, fece nel 1860 ogni sforzo per raggruppare in quella città gli elementi giovani, intolleranti del governo papale. Egli, secondo il bisogno e l'opportunità, tenevasi in attinenza diretta con l'Hudson, in Napoli, e ricevevane istruzioni.

Il partito democratico ebbe sempre a lottare in Benevento più contro gli *autorevoli* suoi nemici, che volevano sfruttare il movimento, che contro la polizia papalesca.

Ciò che avveniva a Napoli ed a Salerno, avveniva in Benevento. Era un fenomeno, che si verificava dovunque si vede-vano uomini dalla vita contemplativa —liberali dell'indomani — e liberali dalla vita militante.

Più tardi vedremo come i primi pervennero ad assidersi al banchetto, preparato con tanti stenti e pericoli dai liberali di azione.

È questa la storia, che si manifesta in tutte le rivoluzioni, ma che, in quest'ultima d'Italia, si manifestò in molo più indecente e scandaloso » . . . .

. . . .

———————

Questo è il rendiconto, per sommi capi, del Governo provvisorio, dal lato amministrativo.

Dal lato politico, poi, trovasi racchiuso nei documenti innanzi pubblicati, e che può essere riassunto così.

— Rivoluzione senza sangue — Benevento capitale di

provincia di 1.ᵃ classe — Ordine, affratellamento, concor
dia, rispetto alle leggi ed al principio di autorità—entusiasmo e patriottismo.

Con questo non vogliamo escludere che siansi verifi-
cati degli inconvenienti sotto quell' eccezionale governo.
Ma non ebbero certo alcuna gravità, e considerato che
si era in tempi di rivoluzione, non è quindi a parlarne.

Questo stesso non può dirsi del governo degli uomini d'ordine, venuto dopo con la prepotenza, giacchè, ma-
nomessa la cosa pubblica, gli odii di partito, le discordie
intestine, il disordine e la reazione contro il libero regime,
si fecero strada, e nei Comuni della provincia con maggior
furore, perchè ivi i *signorotti* s'imponevano al popolo,
in nome della libertà e del Re Galantuomo, e non vi era
chi predicasse la generosità e la pace, com'era avvenuto
a Benevento.

Insopportabile ironia del nuovo regime costituzionale! ed il partito borbonico-clericale non si fece sfuggire
l'occasione per fare le sue vendette, e tentare la restaurazione del Borbone; sicchè istigò i più audaci e intolleranti a prendere le armi, e, in breve, alcune bande reazionarie, capitanate da graduati e soldati del disciolto
esercito borbonico, tribolarono la provincia.

I Comuni, che più n'ebbero a soffrire, furono S. Marco de' Cavoti, dove un tale Pelorusso, di Colle Sannita, vi
penetrò con bandiera borbonica, alla testa di buon numero di reazionarii, e vi rimise il governo di Francesco II.

Di là passò a S. Giorgio la Molara, a Molinara, e ad
altri Comuni, e, da per ogni dove, abbattè gli stemmi di
Casa Savoja, e lasciò tracce di sangue e di rapina.

Anche Pontelandolfo e Casalduni furono infestati dalle
orde reazionarie, capitanate da Cosimo Giordano, il quale
fu ancora più feroce di Pelorusso: uccise i liberali, incen-

diò gli archivii comunali, e gli atti notarili, ed immerse le popolazioni nella costernazione, sicchè molti di quei naturali cercarono rifugio a Benevento, e altrove.

Abbiamo, di passaggio, accennato a questi fatti, per quanto interessa il nostro assunto, e non per fare la storia del brigantaggio, la quale sarebbe lunga e dolorosa, giacchè nella nostra nuova provincia prese vaste proporzioni.

Tutto ciò ben vero non avvenne sotto il governatore Torre, essendo stato traslocato a Lecce, ma invece sotto il governatore Gallerini, piemontese, sebbene però la responsabilità di tanta sciagura non cadde esclusivamente su di lui, giacchè il seme della discordia era stato gittato, a larga mano, e lo sgoverno aveva già prodotto tristissimi effetti, che non potevano essere eliminati coi mezzi ordinarii, e col buon volere e patriottismo, di cui era dotato il Gallerini.

Con lo truppa, di cui potè disporre, quel Governatore fece argine alla invadente reazione, ed alla forza regolare unì anche alcuni drappelli di volontarii, i quali, presi isolatamente, furono battuti e fugati dalle bande brigantesche, presso Circello.

Parecchi giovani concittadini erano nelle file dei volontarii, e tre di essi perirono in quel sanguinoso scontro, cioè Francesco Baccari di Michele, Gaetano Pilla di Luigi, Gaetano Cavuoto di Luigi; ed è doveroso, in queste pagine, onorarne la memoria.

Per la gravità dei fatti e delle condizioni politiche, il governo della Luogotenenza non tardò ad inviare in quelle località sufficiente truppa, e la reazione fu ben presto domata, non senza altri sacrificii di sangue.

E par che basti il fin quì detto, a completa dimostrazione dell'operato dal partito *democratico*, e dal partito dei *Consorti*.

Ormai, dopo lunga serie di anni, la verità si fece strada, e la pubblica opinione fece una buona cerna di uomini e cose.

Nel dar termine, poi, a queste *memorie*, fa d'uopo, solo, rilevare che, non ostante i positivi, indiscutibili miglioramenti, toccati alla nostra Benevento, mercè il movimento unitario nazionale, non andò guari, che un'amaro sconforto ed una piena disillusione invase il partito democratico di azione, e quanti avevano prestato la loro cooperazione pel nuovo ordine di cose — nella quale disillusione e sconforto tuttora si vive — perchè, oltre al dissesto finanziario pubblico e privato, la giustizia — fondamento di libertà — è calpestata,—perchè l'eguaglianza dei cittadini, di fronte alla legge, è una chimèra, — perchè al posto dei vecchi *tirannelli* subentrarono i nuovi.

Mentre se vi furono uomini ingiustamente gittati nel carcere, furono i rivoluzionarii! Se vi furono dei condannati, furono i rivoluzionarii!

Vi furono dei destituiti dagl'impieghi, degli oppressi, dei calunniati? furono i rivoluzionarii: sempre i rivoluzionarii!!

E pure i voluti *sanguinari* e *saccheggiatori* non avevano versato una stilla di sangue, né vuotata alcuna cassa.

Moderazione illimitata!

Sono oramai trascorsi circa otto lustri, nè, per volgere di tempo, mutarono in meglio le condizioni politiche del nostro paese, ch'è sempre la vittima dei *maggiorenti* oppressori.

Fra tanto disgusto, fra tanto disordine morale, èvvi il solo conforto che nel popolo non è del tutto spenta la fede nei principii, cui s'ispirò la rivoluzione del 1860. Chè se la stessa fu vinta negli uomini, che la rappresentarono, non fu, certamente, vinta nei principii da essa, santamente, proclamati, che, invece, hanno gittate profonde radici, le quali, inaffiate dal sangue dei martiri della libertà e dalle lagrime del popolo, non tarderanno a produrre nuovi e rigogliosi germogli.

È la lotta, che già accenna ad ingaggiarsi tra l'oscurantismo e il progresso umano, più terribile di quella, che siasi sostenuta nei secoli scorsi, lotta decisiva e fatale per coloro, che ancora si ostinano a tenere in piedi il dispotismo proteiforme.

Forse queste previsioni faranno sorridere molti, nel presente periodo di desolante scetticismo, ma la legge morale, eterna, immutabile, ne sospinge nel cammino progressivo dell'umanità, e gli ostacoli, che frapporranno i potentati e quanti godono dell'altrui miserie, e s'innalzano su gli oppressi, saranno, certamente, infranti e scrollati.

Anche per te, dunque, o Popolo di Benevento verranno giorni migliori, giorni di piena giustizia e di santa vendetta. Però occorre che sappi sopportare, ancora una volta, i sacrificii, che ispira il vero patriottismo, e sappi conservarti alla virtù, poichè in essa, soltanto, sta la tua forza, il tuo trionfo, il tuo avvenire.

FINE

ERRATA CORRIGE

Pag.ª			Errata	Corrige
Pag.ª	14,	v.º 15—	*d*	—*di*
»	71,	» 29—	*riuniti*	—*riuniti i*
»	107,	» 23—	*Aezzana*	—*Avezzana*
»	123,	» 17—	*doverla perdere*—	*dover perdere la vita*
»	142,	» 15—	*arrivavano*	—*arrivarono*

Lightning Source UK Ltd.
Milton Keynes UK
UKHW031205230420
362180UK00008B/760

9 781274 810670